Gustav Hornecker

Der Brückenbauer

Physikalische Überraschungen für das Leben

Gustav Hornecker

DER BRÜCKEN-BAUER

Physikalische Überraschungen für das Leben

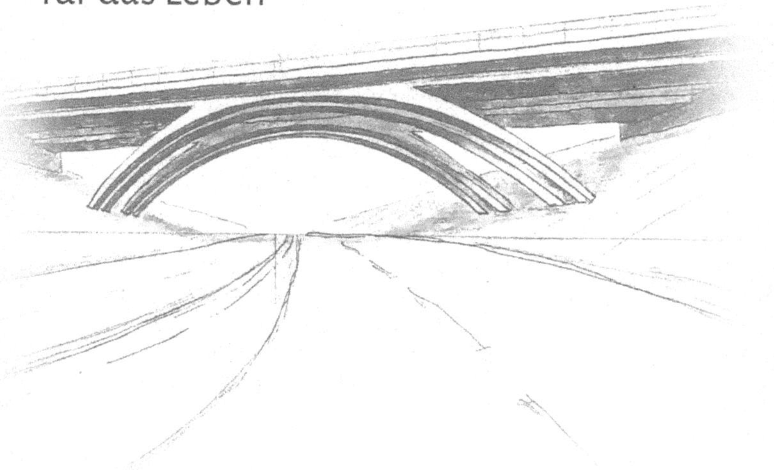

Gustav Hornecker

Der Brückenbauer

Physikalische Überraschungen für das Leben

Best.-Nr. 271 465
ISBN 978-3-86353-465-3

Wenn nicht anders angegeben,
wurde folgende Bibelübersetzung verwendet:
Revidierte Elberfelder Bibel

Außerdem wurde verwendet:
NeÜ bibel.heute,

1. Auflage

www.cv-dillenburg.de
Satz und Umschlaggestaltung:
Christliche Verlagsgesellschaft Dillenburg
Umschlagmotiv und Zeichnungen im Innenteil:
Gustav Hornecker
Druck: GGP Media GmbH, Pößneck
Printed in Germany

Inhalt

Meinem verehrten Lehrer
in der Statik
Herrn Dr. Ing. Max Scherberger

Vorwort

Brücken lösen Faszination aus und versetzen uns in Erstaunen. Kühn schwingen sie sich über tiefe Abgründe. Brücken verleihen Sicherheit. Schnurgerade zieht sich die moderne Schrägseilbrücke mit dynamischem Schwung über die Meeresenge. Anmut und Stärke des über Jahrtausende Bewährten finden sich bei dem robusten römischen Aquädukt, das allen Erdbeben standgehalten hat. Brücken sind Lebensadern. Brücken zu betrachten ist das Eine, aber das Bauen von Brücken ist noch weit mehr!

Brücken sind auch Sinnbilder, die wir im alltäglichen Leben verwenden. Brücken sind nötig, wo es tiefe Gräben gibt! Wir brauchen Brücken, um die Menschen zueinanderzubringen. Im Zeitalter des Multikulti sind Brücken gefragt, die Menschen verschiedenster Kulturen miteinander verbinden.

In der Natur begegnet uns natürliche Schönheit, die mit dem Funktionellen im Einklang ist. Der schlanke Grashalm trotzt dem Wind und schwingt dabei mit Leichtigkeit vor sich hin. Die „Natur“ konstruiert nach funktionellen und ästhetischen Gesetzmäßigkeiten. Die Vorbildfunktion ist unübersehbar; es reizt den Naturwissenschaftler, Gesetzmäßigkeiten herauszufinden. So geht es auch dem Brückenbauer, der wirkliche Brücken baut!

Bei aller Begeisterung für Brücken geht das Anliegen des Buches aber noch einen Schritt weiter. Über das rein Fachliche hinaus stößt man auf tiefere Einsichten. Ich möchte Sie mitnehmen in die Entwurfswerkstatt für Brücken. Ich habe beim Konstruieren von Brücken manches entdeckt, was ich gerne mit anderen teilen möchte. Prinzipien, die für den Brückenbau gelten, haben weitreichende Bedeutung. Erkenntnisse aus dem Brückenbau sprechen bis in unser Leben hinein. Sie sind zum Anwenden da. Es gibt grundlegende Wahrheiten und Weisheiten, die in einer zunehmend komplexer werdenden Welt wieder mehr zu einer dringend benötigten ganzheitlichen Sicht der Dinge herangezogen werden sollten.

Die Komplexität des Brückenbaus sollte den Leser nicht abschrecken. Die Theorien sind anspruchsvoll, die Grundprinzipien dagegen klar und einleuchtend. Man merkt es meist nicht sofort, aber je zentraler etwas ist, umso einfacher ist es.

Warum dieses Buch?

Eigentlich sollte es für Fachkollegen aus dem Brückenbau sein. Beim Vertiefen merkte ich aber, dass ich es einem größeren Leserkreis zugänglich machen wollte. Ich entschied mich für Einfachheit in der Darstellung zugunsten eines größeren Leserkreises.

In meiner ehrenamtlichen Tätigkeit habe ich mit liebenswerten und interessanten Menschen zu tun, die alle ihre „Baustellen" haben. Dies hat mir gezeigt, dass Brückenbauer überall gebraucht werden.

Vieles, was ich aus dem Alltag als Brückenbauer gelernt habe, hat mich inspiriert, über die rein fachliche Ebene hinauszudenken. Ich habe gemerkt, dass Prinzipien aus dem Brückenbau weiterreichende Schlüsse erlauben.

Ich möchte die einzelnen Kapitel in drei Schritten angehen:

1. Die im Brückenbau entdeckten Prinzipien sind interessant. Dem Laien gewähren sie Einblicke in physikalische Geheimnisse des Brückenbaus.
2. Diese Erkenntnisse aus dem Brückenbau werden auf eine allgemeinere Ebene übertragen, und ich ziehe Ableitungen und Schlüsse daraus.
3. Schließlich frage ich danach, worin die Herausforderungen für uns liegen könnten. Das wird spannend!

Meine Geschichte

Ich erinnere mich noch gut, wie ich es nach der Feldarbeit oft nicht erwarten konnte, mich dem Malen und Basteln zu widmen. Als Teenager, während meiner Findungsphase, hätte ich mir eine Übernahme des landwirtschaftlichen Betriebes meiner Eltern in Eichstetten am Kaiserstuhl nicht vorstellen können.

Meine christliche Erziehung weckte in mir früh die Frage nach der Ewigkeit. Wo werde ich einmal nach meinem irdischen Leben sein, im Himmel oder in der Hölle? Mit elf Jahren wurde ich bei einem christlichen Vortrag tief im Herzen angesprochen. Ich merkte, dass ich ohne Jesus Christus ewig verloren bin. Das machte mich betroffen, und so entschied ich mich dafür, dem Herrn Jesus nachzufolgen indem ich zusammen mit meinem Vater betete und meine Sünden bekannte. Ich kann nicht sagen, dass sich mein Leben nun plötzlich änderte, aber es war der Einstieg in eine neue Lebenswirklichkeit mit Gott.

Mit 14 Jahren begann ich eine Lehre als Bauzeichner. Dies war für mich ein Befreiungsschlag. Zeichnen konnte ich bereits, doch jetzt durfte ich vertiefen und dazulernen. Die Gunst der Stunde bescherte mir einen Lehrmeister, der in mir die Liebe zur Architektur, zur Malerei und zur Musik weckte, worin ich Führung von „oben" sehe. Nach dem Motto „step by step" kam ich über den zweiten Bildungsweg zum Abitur. Das Interesse an naturwissenschaftlichen Fächern führte mich zum Studium des Konstruktiven Ingenieurbaus an der TU Karlsruhe. Mein inzwischen gefestigter Glaube an Jesus setzte Energie und Schaffenskraft frei, sodass ich neben dem Studium noch anderweitig tätig sein konnte.

Meine erste Stelle als Statiker in einem Ingenieurbüro in Freiburg dauerte acht Jahre. Mit 37 Jahren wechselte ich zur Straßenbauverwaltung als Planer für Brücken. Ich begriff, dass ich nun die beiden Bereiche Architektur und Statik vereinen konnte. Schon nach dem ersten Jahr wagte ich, eigenständig eine Hängebrücke für Fußgänger zu entwerfen, die auch realisiert wurde. Entwerfen macht mir Freude. Mein Beruf wurde meine Berufung!

Nebenberuflich bin ich in in der Leitung einer evangelikalen Freikirche tätig. Dort darf ich Menschen von der Liebe Gottes erzählen, die mich gefunden und meinem Leben Wert gegeben hat. Teils schwere Lebenskrisen haben mich näher zu Jesus geführt. Seither habe ich zwei Dinge begriffen: Das sind meine sündige Natur und die unfassbare Gnade, die Jesus mir erwiesen hat. Jesus Christus ist Mitte und Glück meines Lebens geworden.

Ich möchte Brückenbauer bleiben. Der Brückenbau hat es mir angetan.

Ich lade Sie ein, mit mir in den Brückenbau einzusteigen. Werden auch Sie Brückenbauer!

1. Auf der Suche

Sucht, und ihr werdet finden.
Matthäus 7,7

Plötzlich wurde die Situation sehr kritisch. Die am Horizont aufziehende dunkle Gewitterfront zwang zu einer raschen Entscheidung. Unsere vorgesehene Landung in der afrikanischen Savanne wäre zu gewagt gewesen. Der Pilot entschied sich zu einem Tiefflug, um den Zustand der unbefestigten Landebahn in Augenschein zu nehmen. Sie war, seiner Einschätzung nach, durchnässt. Eine Landung könnte schief gehen. Der schweißgebadete Pilot drehte sich um und sagte leise: „We must go back ...“ Die Angst war greifbar; völliges Schweigen beherrschte die Atmosphäre in der kleinen Cessna. Zum Glück war der Sprit auch für den Rückflug bemessen. So endete unser erster Flug wieder in Daressalam. Wie wir später erfuhren, war es der erste offizielle Flug des jungen Piloten gewesen. Am Tag danach folgte dann der zweite Versuch. Die Cessna glitt sicher über die Savanne Afrikas. Meine liebe Frau und ich waren froh und erleichtert, als wir gesund in der Missionsstation im tiefen Tansania bei meinem Bruder angekommen waren. Endlich am Ziel nach dieser aufregenden Odyssee, wie tat dies gut!

Jeder ist auf seiner großen Reise, ob er sich dessen bewusst ist oder nicht. Es ist die Reise zum Glück und Sinn des Lebens. Dabei gehen die Menschen unterschiedlich mit dieser Frage um. Manche suchen zeit ihres Lebens, andere haben das Suchen aufgegeben. Einige wenige haben erst nach schweren Schicksalsschlägen entdeckt, was wirklich zählt.

Suchen ist verheißungsvoll, denn es gibt Perspektive: „Wer sucht, der findet". Es gibt Grund, optimistisch zu sein, wo immer ich mich befinde. Es ist nie zu spät, erneut auf die Suche zu gehen!

Meine These lautet: Wir sind für Gott geschaffen und finden letztlich nur bei ihm unser Glück.

An der Behauptung, dass es nur einen Weg zu Gott gibt, scheiden sich die Geister. Dabei stehen sich nicht nur ernsthafte Christen und Verächter des Christentums gegenüber. Der Riss geht mitten durch Religionen und Weltanschauungen, selbst durch Gemeinden und Kirchen. Aussagen mit Ausschließlichkeitscharakter prägen die Auseinandersetzung. Die Standpunkte stehen einander unvereinbar gegenüber. Was ist richtig? Was ist wahr? Woher kommt das Böse? Es hilft auch nicht weiter, das theoretische Problem ergründen zu wollen, woher das Böse kommt. Da müssen wir passen! „Vielleicht ist diese Welt nicht die denkbar beste, aber sie ist die einzig mögliche", so der berühmte christliche Denker C. S. Lewis zu diesem Thema.[1]

Ob wir es wahrhaben wollen oder nicht, wir stecken in einem Dilemma. Als brave Bürger schauen

---

1 C. S. Lewis, *Über den Schmerz*, Brunnen-Verlag Gießen, 2015, 9. Auflage (Zitat auf dem Cover).

wir zu, wie Elend und sinnlose Gewalt zunehmen. Es sieht nicht danach aus, als ob die Welt besser würde. Die Mechanismen von Ursache und Wirkung sind voll im Gange. Die Macht des Bösen lässt sich nicht leugnen. Man meint, nur einige der Großen seien dafür verantwortlich zu machen. Ist man jedoch ehrlich zu sich selbst, so erkennt man schnell, dass auch in der eigenen kleinen Welt dieselben Muster vorherrschen. Das Böse steckt auch in unseren Herzen.

Dass Völker und Menschen miteinander zerstritten sind, ist schlimm genug, aber das Problem steckt tiefer: Unser Herz ist durch die Sünde vergiftet, das ist das eigentliche Dilemma der Menschheit. Wir sind nicht so, wie wir sein sollten. Jesus Christus macht keinen Hehl daraus, dass alle Menschen schlecht sind. Was er zu sagen hat, dient nicht der Befriedigung intellektueller Neugier, sondern ist an unser Herz und Gewissen gerichtet.

Das Problem der Schlechtigkeit muss erklärt werden. Dazu nehme ich Sie mit zu einem Besuch im Garten Eden. Das erste Menschenpaar lebte hier in Harmonie miteinander; es gab noch keine Gräben zwischen ihnen, man baute auch keine trennende Mauern. Man kannte keine Brücken und brauchte sie auch noch nicht! Alles lebte in Eintracht und Frieden, auch die Tiere untereinander. Gott brauchte man nicht suchen, er lebte mitten unter den Menschen. Er war in Reichweite. Der erste Mensch konnte mit Gott auf Augenhöhe sprechen. Es herrschte vollkommene Harmonie, doch nur solange, bis die Schlange auftauchte. Diese goldene Zeit dauerte viel zu kurz. Die heile Welt wurde von der Realität eingeholt. Der

Garten Eden, das verlorene Paradies, schien wie eine Traumwelt gewesen zu sein. Für manche Nostalgiker ist er nur noch Stoff für Poesie.

„Die Erschaffung Adams“ von Michelangelo, nachgezeichnet

Wie ein Blitz aus heiterem Himmel wurde diese selige Harmonie beendet. Seither besteht ein tiefer Riss mit schmerzhaften Folgen. Die Welt leidet heute noch daran. Der Riss brachte Entzweiung, Trennung, Schmerz, Krieg, Krankheit und Tod. Das eigentliche Unheil der menschlichen Spezies hat im Grunde hier seinen Ursprung. Sünde und Tod hielten Einkehr und bestimmen seit diesem Sündenfall unser Geschick. Das Böse gewann Macht über den Menschen. Wir leiden seither an der schwersten Herzkrankheit, die zum Tod führt: Unser Herz ist nicht mehr in Übereinstimmung mit dem Schöpfer. Der Mensch wandte sich von Gott ab. Er wagte die Anmaßung, sich selbst in den Mittelpunkt zu stellen und damit den unendlichen Gott zu deplacieren. Ohne es bewusst wahrzunehmen, ist er auf seiner Suche nicht am richtigen Ziel angekommen, sondern nur bei sich selbst – in der Sackgasse. Seither ist der Mensch selbstverliebt und merkt es gar nicht!

Der autonome Mensch hat sich von der Schlange verführen lassen. Er hat sich vom Widersacher einreden lassen, dass Gott keine guten Absichten habe. Die Verführungskunst der Schlange im Garten Eden war ein voller Erfolg, so berichtet es das 1. Buch Mose. Der Bruch zwischen Gott und Mensch vollzog sich in voller Intensität. Der Mensch verfehlte sein Ziel, die persönliche Beziehung zu Gott, als er der Schlange Gehör schenkte. Niemals hat Gott das so gewollt. Der Schöpfer ging das „Risiko" des freien Willen des Menschen in seiner ganzen Tragweite ein. Der Graben zwischen Gott und dem Menschen ist nun zur unüberbrückbaren Kluft geworden. Der Mensch ist tief gefallen. Eine Überbrückung ist nicht so leicht in Sicht. Aber wir brauchen sie! Wir brauchen eine Brücke!

2. Die Brücke – eine geniale Idee

Der HERR hat durch Weisheit die Erde gegründet, den Himmel befestigt durch Einsicht.
Sprüche 3,19

Eine Brücke muss geplant werden. Sie entsteht nicht einfach so. Ein Blick in die Entwurfswerkstatt zeigt, dass der Entwurf einer Brücke mit ganz wenigen Vorgaben beginnt. Vereinfacht gesagt hat man als Grundlage eine Linie von A nach B, die den Weg der Brücke zeigt, und eine weitere kreuzende Linie, die das Hindernis darstellt. Das kann eine Straße, ein Tal oder ein Fluss sein. Mit zwei Linien zu beginnen und dabei nichts zu übersehen, das dazu gehört, das beschreibt stark vereinfacht die Entwurfsaufgabe einer Brücke. Erst beim tieferen Eindringen entfaltet sich die anspruchsvolle Aufgabe, die nur mit den Gesetzen der Physik und der Mechanik zu lösen ist.

Neben dem Funktionellen hat der Entwerfer vier Fragen zu beantworten. Es sind vier Kriterien, die eine gute Brücke ausmachen:[2] Zuerst muss die

2 Als erster Architekturtheoretiker der Antike gilt der Römer Vitruv Pollio (84–14 v. Chr.), Begründer der westlich geprägten Architektur. Er hat Regeln zur schönheitlichen

Brücke standsicher sein, die Statik muss stimmen. Um lange genug zu halten, ist außerdem Robustheit gefragt; die Brücke muss dauerhaft sein. Selbstverständlich sollte die Brücke auch wirtschaftlich sein, die Kosten müssen vertretbar sein. Schließlich soll eine Brücke einfach schön sein. Die Ästhetik rundet die Planungsaufgabe ab. Schönheit gehört dazu.

Es ist nicht wie bei dem großen Bildhauer Michelangelo, der seine Statuen „aus dem Felsen reißt". Der Entwerfer hat in der Regel zu Beginn der Planung noch keine fertige Vorstellung seiner Brücke. Meist findet er nicht sofort die beste Lösung, sondern betrachtet mehrere Varianten. Gute Lösungen zeichnen sich durch Klarheit und Einfachheit aus, aber dahin zu kommen ist eben gerade nicht so einfach. Regel Nummer eins lautet, sich nicht zu schnell auf etwas zu fixieren, es könnte immer noch etwas Besseres geben! Da hilft das Vieraugenprinzip, da braucht es die „andere Brille". Man kann dem Entwerfer nur raten, offen zu sein für konstruktive Kritik! Lass einen anderen kritisch darüber schauen und sei bereit, den gewählten Standpunkt zu hinterfragen, so lautet ein guter Ratschlag. Wir neigen zu raschen Lösungen und unterliegen dem Drang, unbeirrbare Standpunkte einzunehmen, was

---

Gestaltung entwickelt. Schönheit bezeichnet er mit *venustas* (Anmut), was eines der drei Ziele der Architektur ist. Ausgehend von diesem Begriff *venustas* prägte Vitruv drei weitere Hauptbegriffe: *symmetria, euryhtmia* und *decor* (*eurythmia* und *symmetria* beziehen sich dabei auf die Proportionierung, *decor* auf das fehlerfreie Erscheinungsbild eines Gebäudes).

den kreativen Prozess blockiert. Meist steht nichts anderes im Wege als Eitelkeit. Ein Entwurf wird nie vollendet sein, er bleibt immer Stückwerk und ist verbesserungsfähig. Dies hilft zur Bescheidenheit und Demut!

Manch hochrangiger Wettbewerb stellt nicht das Ergebnis einer Optimierung der Entwurfsziele dar. Es ist oft eine Zurschaustellung einer extravaganten Lösung. Man möchte etwas Besonderes, leider oft auf Kosten der Wirtschaftlichkeit und Nachhaltigkeit. Es muss dem Zeitgeist entsprechen und auffallen, dann ist ein Entwurf prämierungstauglich – so tickt eben der Mensch!

* * *

Die Planung für „Gottes Brücke"

Versuchen wir uns einmal in Gottes Absicht zu versetzen, eine Brücke zu dem „gefallenen Menschen" zu bauen, der auf die Schlange gehört hat. Eine Lösung zu finden lässt grundsätzlich verschiedene Möglichkeiten zu. Es gibt für jede Planungsaufgabe nicht nur eine einzige Lösung, sondern Wahlfreiheit. Welche Bedingungen würden in diesem Fall zugrunde liegen?

1. Diese „Brücke" müsste jedem Menschen zugänglich sein, denn für Gott sind alle Menschen gleich.
2. Das Angebot, diese Brücke zu benutzen, müsste so kommuniziert werden, dass es von jedem verstanden und angenommen werden kann. Gott müsste dabei dem Menschen auf „Augenhöhe" begegnen.

3. Diese „Konstruktion“ müsste absolut zuverlässig und sicher sein. Ein Beitrag des Menschen wäre ausgeschlossen, da alles, was der Mensch erbaut, nur zeitlich begrenzt und vergänglich ist. Das bedeutet, dass die Lösung ausschließlich von Gottes Seite kommen kann.

Hängebrücke aus dem Jahr 1897 in Langenargen, Bodensee

Aus Gottes Sicht hat das Projekt noch eine ganz andere Tragweite. Es kommt nämlich noch die alles entscheidende Aufgabe hinzu, das Böse aus der Welt schaffen. Dazu gibt es theoretisch vier Möglichkeiten:[3]

1. Gott will es nicht und kann es nicht.
2. Gott will es und kann es.
3. Gott will es nicht, obwohl er es kann.
4. Gott will es, kann es aber nicht.

---

3 nach einem unbekannten Philosophen, wird aber oft dem griech. Philosophen Epikur zugeschrieben

Vordergründig scheint Möglichkeit zwei die richtige Lösung zu sein. Doch weit gefehlt – Gott hat diese Lösung nicht vorgezogen. Denn dann müsste er uns alle (!) von der Erde wegschaffen. Es überrascht, dass sich Gott für Möglichkeit vier entschieden hat: Er will es, kann es aber nicht, zumindest nicht so ohne Weiteres, was aber nicht an seiner mangelnden Allmacht, sondern in seinem Wesen begründet liegt.

Inwiefern? In diesem Dilemma gab es für Gott nur den einzigen Ausweg, dass er sich selbst helfen musste. Aber erst auf dem Hintergrund dessen, wer Gott ist, erahnen wir etwas von der Schwere dieser Aufgabe. Gott ist absolute Liebe in Person, er kann nicht nicht-lieben. Gott ist personifizierte Gerechtigkeit, er kann nicht nicht-gerecht sein. Daher entschloss sich Gott zu etwas, was uns total befremdet und wir von einem unendlichen Gott so nie erwartet hätten: Gott bestrafte sich selbst für die Sünde seiner Geschöpfe und ließ dafür seinen lieben Sohn schändlich am Kreuz enden. Gott selbst leidet am meisten: „Den, der Sünde nicht kannte, hat er für uns zum Sünder gemacht, damit wir Gottes Gerechtigkeit würden in ihm" (2. Korinther 5,21). So hat sich Gott entblößt! Das ist und bleibt ein Skandal für den selbstgerechten, religiösen Menschen: „Denn das Wort vom Kreuz ist denen, die verloren gehen, Torheit; uns aber, die wir gerettet werden, ist es Gottes Kraft" (1. Korinther 1,18).

Gott ist ein denkender und planender Gott. „Kein Plan (ist) für (ihn) unausführbar", wie Hiob feststellt (Hiob 42,2). „Und Gott sah alles, was er gemacht hatte, und siehe, es war sehr gut", so lesen wir in 1. Mose

1,31. Was er ersonnen und erschaffen hatte, bedurfte keiner Ergänzung, denn es war perfekt.

Gottes Denkart zeigt sich auch in seiner Bauweise. Der Bauplan für die Stiftshütte, den ersten Tempel Israels in der Wüste, stammt von Gott selbst. Gott wollte seinen eigenen Entwurf verwirklichen. Es sollte ein Haus nach Gottes Geschmack werden. „Nach allem, was ich dir zeige, nämlich dem Urbild der Wohnung und dem Urbild all ihrer Geräte, danach sollt ihr es machen" (2. Mose 25,9). Der Begriff „Urbild" meint einen erdachten Plan. Ähnliches lesen wir von dem Bau der Arche Noah, wo Gott sogar Maße vorgab.

Nebenbei, ohne sich dessen bewusst zu sein, ist der planende Ingenieur als Gottes Ebenbild tätig. Technik ist Folge der Gottesebenbildlichkeit gemäß dem Motto „Macht ... euch (die Erde) untertan" (1. Mose 1,28). Technik ist nichts Böses, sie ist etwas Gutes, sie dient der Menschheit. Dass damit auch Missbrauch einhergeht, steht auf einem anderen Blatt. Ein Blick in die Geschichte belegt, dass viele technische Entwicklungen eine Folge des biblischen Welt- und Menschenbildes sind. Technische Erfindungen sind Ausdruck von Kreativität, eben weil der Mensch das Ebenbild des Schöpfergottes ist.

* * *

Glaube ist der Schlüssel

Der menschliche Verstand fordert eine Antwort nach dem Woher und Wozu aller Dinge. Das, was wir vorfinden, muss eine Ursache haben. Viele Menschen kommen zu dem Schluss, dass die Schöpfung auch ohne einen planenden Geist hätte erfolgen können. Die klassische Evolutionstheorie gilt als eine plausible Erklärung – man erklärt es sich eben ohne den Schöpfergott. Der Mensch ist an seine Stelle getreten und behauptet, über die Antworten auf die letzten Fragen zu verfügen. Der Mensch ist darauf programmiert, das zu sehen, was vor Augen ist. „Der Tor spricht in seinem Herzen: ‚Es ist kein Gott'" (Psalm 53,2), so urteilt Gott über diese Sichtweise!

Wie einsichtig drückt es der weise Salomo aus: „Der HERR hat durch Weisheit die Erde gegründet, den Himmel befestigt durch Einsicht" (Sprüche 3,19). Sollten ausschließlich endlose Zeiträume die Lösung für diesen unwahrscheinlichen Zufall sein? Wie könnte etwas so Atemberaubendes wie das menschliche Gehirn entstehen ohne Informationsinput? Ich meine, dass dazu ein wahrhaft großer Glaube gehört. Meine Erfahrung im Brückenbau ist nämlich eine andere. Wenn schon so etwas relativ Einfaches wie eine Brücke präziseste Planung erfordert, wie sollte das „System" Mensch von sich aus und aus reinem Zufall entstanden sein können?

Der Glaube an einen Schöpfer ist nicht gegen den Verstand. Im Gegenteil, „durch Glauben verstehen wir, dass die Welten durch Gottes Hand bereitet worden sind!" (Hebräer 11,3). Der Glaube wird somit das Mittel zum Erkennen des Göttlichen. Glaube und Verstand sind wie Geschwister, sie gehören zusammen.

Gott hat als planender Gott ein geniales Rettungsprojekt entworfen, das jedem Menschen gilt, denn er „will, dass alle Menschen gerettet werden und zur Erkenntnis der Wahrheit kommen" (1. Timotheus 2,4).

Es gibt wirklich die Brücke, die zu ihm führt. Die Bibel zeigt, dass der erste Schritt der Glaube ist: „Ohne Glauben aber ist es unmöglich, ihm wohlzugefallen; denn wer Gott naht, muss glauben, dass er ist und denen, die ihn suchen, ein Belohner sein wird" (Hebräer 11,6). Glaube beginnt damit, anzuerkennen, dass Gott existiert. Der zweite Schritt ist die optimistische Annahme, dass er reagieren wird, indem er Glauben belohnt.

Was für eine reale Chance, Gott kennenzulernen. Wagen Sie diesen ersten Glaubensschritt, denn Gott ist da!

3. Vereinfachungen helfen beim Verständnis

Denn dieses Gebot, das ich dir heute gebiete, ist nicht zu wunderbar für dich und ist dir nicht zu fern. Es ist nicht im Himmel, dass du sagen müsstest: Wer wird für uns in den Himmel hinaufsteigen und es uns holen und es uns hören lassen, dass wir es tun? Und es ist nicht jenseits des Meeres, dass du sagen müsstest: Wer wird für uns auf die andere Seite des Meeres hinüberfahren und es uns holen und es uns hören lassen, dass wir es tun? Sondern ganz nahe ist dir das Wort, in deinem Mund und in deinem Herzen, um es zu tun.
5. Mose 30,11-14

Jede Brücke muss statisch berechnet werden. Wer würde schon gerne über eine Brücke gehen, deren Sicherheit nicht rechnerisch nachgewiesen wurde?

In der stürmischen Entwicklung der Technik im 19. Jahrhundert fand die Baustatik praktisch anwendbare Methoden. Als Begründer der Baustatik gilt der Franzose Henri Navier (1785–1836), der eine Zusammenfassung seiner Vorlesungen herausgab. Luigi Cremona (1830–1903) entwickelte um 1865 den später nach ihm benannten „Cremonaplan“, den ein Bauingenieurstudent in den 80er-Jahren noch lernte. Der Cremonaplan ist eine grafische Methode zur Ermittlung der Kräfte nach ihrer Größe und ihrer Wirkungslinie. Vermutlich hatten auch die antiken Baumeister Kenntnisse von ähnlichen Methoden, die vor allem bei Bogentragwerken von Bedeutung waren.

Obwohl man heute im Computerzeitalter eine Brücke beliebig genau berechnen kann, bleibt nicht zu übersehen, dass die Realität eines Tragwerks nie exakt im Voraus erfasst werden kann. Dazu kommt noch, dass ein Tragwerk im direkten Zusammenhang mit einem Baugrund steht, der nie starr, sondern nachgiebig ist. Viele Materialgesetze können nur annähernd in mathematischen Strukturen erfasst werden. Nimmt man noch die zufallsbedingten Lasteinwirkungen hinzu, ergibt sich ein sehr komplexes System.

Jetzt sind Vereinfachungen gefragt, denn sie erleichtern alles. Ein komplexes Tragwerk muss in einfachen geometrischen Strukturen abgebildet werden, die verständlich und berechenbar sind. Es erfolgt also eine Abstraktion der Wirklichkeit.

Eine statische Berechnung beginnt mit der Kunst der Vereinfachung. Der Tragwerksplaner bildet aus dem realen, komplexen Tragwerk ein „statisches System“, das für ihn die Arbeitsgrundlage bildet. Mit diesem Rechenmodell lassen sich Ergebnisse errechnen. Dazu bedient sich die klassische Baustatik vor allem des Gleichgewichtsprinzips und der Elastizitätstheorie. Je nachdem, wie gut das statische System die Wirklichkeit abgebildet hat, sind auch die Ergebnisse brauchbar oder auch nicht. Der erfahrene

Tragwerksplaner weiß um den Spielraum, in dem sich die Ergebnisse bewegen können.

* * *

Einfachheit hilft beim Begreifen

Ist alles viel einfacher, als wir ahnen? Oder sehen wir Dinge zu einfach, die in Wirklichkeit komplexer sind? Komplexitätsreduzierung ist nicht nur in der Baustatik gefragt. Einstein sagt es treffend: „Man soll die Dinge so einfach machen wie möglich, aber nicht einfacher." Wir leben von Vereinfachungen. Gäbe es keine Vereinfachungen, wäre das praktische Leben kaum möglich. Ein Zusammenleben schon gar nicht. Einfachheit in der Kommunikation prägt übrigens unser ganzes Leben. Der kürzeste Weg zu einem Menschen ist ein Lächeln. Liebe auszudrücken ist etwas ganz Einfaches, und doch bleiben Wesen und Antrieb zur Liebe unergründlich – aber es funktioniert! Je zentraler eine Wahrheit ist, umso einfacher ist sie.

Tiefe Zusammenhänge einfach auszudrücken zeugt von wahrer Größe. In der Bibel entdecken wir, dass sich Gott in einer verständlichen Weise zeigt. Die Bibel ist das Buch, in dem sich Gott ein Stück weit selbst erklärt. Es ist ein großes Missverständnis, bei aller Wertschätzung von guter Theologie, dass man zuerst Theologie studieren müsse, um die Bibel zu verstehen. Gott möchte jeden, auch den „geistig Armen", erreichen. Bei Gott sind alle Menschen gleich. Keiner wird ausgeschlossen, weil Gott bei Menschen keine Unterschiede macht. Der einfachste suchende

Mensch kann begreifen, was Gott beabsichtigt. Die Bibel ist kindgerecht. Dennoch stimmt auch die andere Seite, dass der klügste Geist nie hinter die Geheimnisse von Gottes unendlichem Wesen kommen wird. Selbst für den tiefsten Denker bleibt das Buch der Bücher ein nie endendes Meer voller Geheimnisse. Seine Tiefen sind nicht zu ergründen, seine Weiten nicht zu erfassen – Gott bleibt Gott.

Paulus, der große jüdische Theologe, kommt darüber ins Schwärmen, wie genial, aber auch einfach das ist, was uns Gott zu sagen hat. Wenn man sieht, wie schlicht Paulus auftrat, dann gewinnen diese Worte an Tragweite: „Denn ich hatte mich entschlossen, unter euch nichts anderes zu kennen außer Jesus Christus und ihn als den Gekreuzigten. Als schwacher Mensch trat ich vor euch auf und zitterte innerlich vor Angst. Mein Wort und meine Predigt beruhten nicht auf der Überredungskunst menschlicher Weisheit, sondern auf der Beweisführung des Geistes und der Kraft Gottes" (1. Korinther 2,2-4; NeÜ). Wie unfassbar ist dieser Gott, der sich in seiner Menschwerdung so „einfach" gemacht hat, damit er uns auf Augenhöhe begegnen kann! Gott liebt Einfachheit.

* * *

Ist glauben einfach oder schwer?

Es ist paradox. Viele Menschen behaupten, dass sie nicht glauben können, und besteigen doch bedenkenlos ein Flugzeug. Für viele Menschen ist glauben-Können etwas Unerreichbares; sie finden es zu schwer, und es scheint ihnen unmöglich. Manche meinen, dass die Bibel zu schwierig sei, deswegen legen sie dieses Buch zur Seite – sie finden den Zugang nicht.

Es liegt in der Natur des Menschen, dass er die Wirklichkeit durchdringen möchte. Er ist dazu bestimmt, die Dinge zu erforschen. Wenn etwas einfach dargestellt wird, heißt das nicht, dass die Zusammenhänge nicht komplex sind. So ist es auch mit dem Erlösungsprojekt Gottes. Der Weg zu Gott ist im Grunde sehr einfach zu finden. Die „Gute Nachricht" ist das uralte, zeitlose Evangelium, das schon in der Urkirche vor 2000 Jahren gepredigt wurde.

Gottes Wirklichkeit ist dagegen mit unserem begrenzten Erkenntnisvermögen nicht fassbar. Sein Wesen und sein Denken sind unergründlich, und doch hat er seine wesentlichen Eigenschaften bekannt gemacht. Die Bibel gebraucht dafür das Wort „Offenbarung". Das bedeutet, dass wir den eigentlichen Sinn im Leben nur durch Gottes Enthüllung erfahren können. Wir sind darauf angewiesen, dass Gott uns von außen „Licht" gibt! Hätte Gott sich nicht in dieser einfachen Weise gezeigt, hätten wir keine Chance, ihn jemals kennenzulernen. Das Erstaunliche ist nun, dass Gott all das von sich gezeigt hat, was wir brauchen. Und dies hat er in einer verständlichen Weise ausgedrückt, dadurch, dass er seinen Sohn Jesus Christus auf die Erde sandte. Jesus ist das Abbild Gottes und sein Abdruck, sodass wir wahrnehmen können, wie Gott wirklich ist. In Jesus zeigte sich der unendliche, komplexe Gott in einer endlichen, fassbaren Weise. Er machte sich ganz „einfach", wie es Philipper 2,6-8 beschreibt: „Der in Gestalt Gottes war und es nicht für einen Raub hielt, Gott gleich zu sein. Aber er machte sich selbst zu nichts und nahm Knechtsgestalt an, indem er den Menschen gleich geworden ist."

Jesus wird konkret und zeigt den Schlüssel, wie man Gott findet: „Wenn jemand seinen Willen tun will, so wird er von der Lehre wissen, ob sie aus Gott ist oder ob ich aus mir selbst rede" (Johannes 7,17). Gott ist nicht über das rationale Denken zu begreifen. Gott macht sich ausprobierbar, indem er uns auffordert, seinen Willen zu tun! Die Bibel zeigt, dass nicht der Verstand, sondern der Stolz ein Haupthindernis für den Glauben ist. Jesus sagt: „Wie könnt ihr glauben, die ihr Ehre voneinander nehmt und die Ehre, die dem alleinigen Gott ist, nicht sucht?" (Johannes 5,44).

Mose, der große Führer Israels, kannte Gott wie kaum ein anderer. Er kommt am Ende seines Lebens zu dem Schluss, dass sein Gott ohne Hintergedanken und deshalb absolut vertrauenswürdig ist. Als Mose kurz vor seinem Tod die letzten Worte an sein Volk richtet, möchte er seine Zuhörer nicht mit Appellen erschlagen. Wie ein Vater ermutigt er seine Herde, dass das, was Gott zu sagen hat, nicht zu schwierig für sie ist oder dass man in den Himmel hinaufsteigen müsse, um es zu finden. Man braucht Gott auch nicht in den letzten Winkeln des Universums zu suchen, denn seine Worte sind ganz nahe.

Geben Sie Gott die Gelegenheit, sich Ihnen zu beweisen. Gott hat sich in einfachster Weise gezeigt, damit es uns leicht wird, ihn zu finden.

Einfachheit antiker Baukunst: das Stützenkapitell

4. Kraft sucht sich den kürzesten Weg

Wer ist weise, dass er dies versteht? Wer ist verständig, dass er dies erkennt? Denn die Wege des HERRN sind gerade.
Hosea 14,10

Das berühmte gotische Münster in Freiburg im Breisgau versetzt mich immer wieder in Erstaunen. Ab und zu nehme ich mir die Zeit, um mich in das Kirchenschiff zu setzen und die Konstruktion auf mich wirken zu lassen, und dies, obwohl ich das Bauwerk bereits seit Kindheit kenne. Manchmal habe ich meinen Skizzenblock dabei und male einfach, was ich sehe. Das stärkt meine Wahrnehmung. Neben der inneren Ordnung der Formen, der Ästhetik, erkenne ich Tragstrukturen, an denen ich ablesen kann, wie die Kräfte verlaufen. Dabei wirkt alles in sich harmonisch, wie in einem Guss hergestellt – eine wahre Meisterleistung der damaligen Baukunst. Das Grundmuster der gesamten Tragkonstruktion ist nicht zu übersehen: Es ist der Bogen. Ob es die Außenfassade, der Turm oder auch das Kirchenschiff ist, überall entdecke ich dieses Grundmuster in den Dimensionen 2D und 3D.

Impressionen aus dem Freiburger Münster

Auch im Brückenbau gilt der Bogen als klassisches Tragelement. Die einzigartig schöne Anji-Brücke (erbaut von 595 bis 605 n. Chr.) im Norden Chinas mit einem flachen Bogen von 37 m Spannweite ist eine der ältesten Steinbogenbrücken des Landes. In der Antike bauten die Römer ihre Aquädukte und Theater, wie das Kolosseum in Rom, auch mithilfe des Bogenelementes. Bedenkt man, welche Materialien und Hilfsmittel damals zur Verfügung standen, so ist die Idee des Bogens die logische Folge. Man folgte dem Grundsatz der Einfachheit und nutzte das, was man hatte. Man baute einfach Stein auf Stein.

Der klassische Bogen, ob gotischer Spitzbogen oder romanischer Rundbogen, ist ein geniales Element, um Kräfte abzuleiten. Er baut auf elementaren Grundsätzen der Statik auf. Einer davon lautet, dass Kräfte dann im Gleichgewicht sind, wenn sie sich in einem Punkt schneiden und ein Kräftedreieck bilden. Reiht man in Bogenform einen Stein an den anderen, so entsteht ein Kräfteverlauf, der der „Natur" folgt. Dabei werden die Kräfte stets auf kürzestem Weg abgetragen, denn die Steine haben direkten Kontakt miteinander. An den beiden unteren Enden des Bogens wird jeweils ein sogenannter „Kämpfer" erforderlich, der die aus dem Bogen kommenden Kräfte in den Untergrund leitet. Dieser Kämpfer ist entweder ein Fundament oder, wie bei den Kathedralen, auch ein Pfeiler mit seitlicher schräger Abstützung als Ballast. Die vollendete Form des Bogens ist die dreidimensionale Kuppel wie zum Beispiel bei dem Dom zu Florenz.

Das krasse Gegenstück zum Bogen ist das durchhängende Seil, das wie eine Perlenkette aus aneinandergereihten Elementen wirkt, die jeweils in einem Punkt miteinander verbunden sind. Der natürliche Durchhang des Seiles beruht auch auf dem Grundsatz des kürzesten Weges der Lastabtragung, jedoch in umgekehrter Weise wie beim Bogen. Diese Struktur wird bei den großen Hängebrücken angewandt.

In der Statik weiß man, dass sich eine Kraft immer den kürzesten Weg zur Weiterleitung sucht.[4] Das hat die „Natur" so eingerichtet, weil es effizient ist und sparsam mit den Ressourcen umgeht. Man könnte von einem Minimalprinzip in der Natur sprechen, da sie sich den kürzesten Weg sucht, um ein Problem zu lösen. „Die Natur macht nichts umsonst. Und jedes Mal Zuviel ist umsonst, wenn ein Weniger ausreicht", so Isaac Newton (1643–1727).

Gute Konstruktionen zeichnen sich dadurch aus, dass die Kräfte auf kürzestem Wege abgeleitet werden. Man führt Kräfte nicht spazieren.

* * *

Jesus ist der Grundstein

Wir haben gesehen, dass der Bogen die Kräfte über den „Grundstein", den Kämpfer, in den Untergrund

---

4 Am Beispiel der „schiefen Platte", die einer Raute gleicht, was bei Brücken sehr oft der Fall ist, lässt sich an einem statischen Modell gut darstellen, wie die Kräfte in ihren Richtungen, den sogenannten Trajektorien, verlaufen. Hier wird deutlich, dass sich die Kräfte in einer schiefen Platte immer den kürzesten Weg zum nächstliegenden Eck suchen.

überträgt. Dies geschieht auf dem kürzesten Weg. Im biblischen Buch Jesaja lesen wir eine bemerkenswerte Voraussage auf Jesus: „Siehe, ich lege in Zion einen Grundstein, einen bewährten Stein, einen Eckstein, felsenfest gegründet“ (Jesaja 28,16). Ca. 700 Jahre später nimmt Jesus darauf Bezug und erklärt seinen Zuhörern: „Der Stein, den die Bauleute verworfen haben, dieser ist zum Eckstein geworden“ (Matthäus 21,42). Der Apostel Petrus zeigt, dass ein an Jesus Glaubender einer ist, der sein Leben auf diesen Grundstein aufbaut (1. Petrus 2,4-6).

Der Grundstein, auch „Eckstein“ genannt, verbindet den Bogen mit dem Untergrund. Es ist der Stein, der als Grundlage dient und alles verbindet. Der Grundstein hat tragende Funktion, auf ihm ruht alles.

Gott hat erklärt, dass nur auf diesem Grundstein aufgebaut werden kann. Einen anderen Grund gibt es nicht. Jesus möchte der Grundstein Ihres Lebens werden. Es ist der kürzeste Weg, um Ruhe und Sicherheit zu finden. Da dürfen die „Lasten meines Lebens“ abgetragen werden.

* * *

Die Bibel kommt auf direktem Weg zur Sache

Liest man die Geschichten der Bibel, so ist man nicht selten verblüfft, wie kurz und schnell sie abgehandelt werden. Für Ausschmückungen ist in der Regel kein Platz. Gerade das, was einen Kriminalroman spannend macht (geschickte Alibis, endlose Mutmaßungen und logische Schlussfolgerungen) finden wir in der Bibel nicht. Der Ehebruch des berühmten Königs Davids mit Batseba wird durch den Propheten Nathan in feiner Weise, aber ohne Umschweife angegangen. Da ist kein Platz für Vertuschungen – die Sache liegt auf dem Tisch. Scheinheiligkeit und Heuchelei in Geldangelegenheiten des Ehepaares Hananias und Saphira in der Urkirche werden durch Petrus direkt und schonungslos aufgedeckt. Da gibt es keine Ausreden mehr, der Tathergang steht fest.

Das Entscheidende, was in den beiden Fällen so schnell zum Ziel führte, war der Durchblick Gottes. Er, der die Herzen kennt, deckt ohne Umschweife die wahren Absichten der Herzen auf, wozu kein Mensch je in der Lage ist. Gott kommt auf direktem Wege zur Sache. Wie hilfreich, aber auch erschreckend, wenn Gott immer so handeln würde! Das macht die Berichterstattung biblischer Geschichten so kurz und knapp. Das spricht für die Glaubwürdigkeit der Bibel. Kein Autor würde wie David offen beschreiben, wie es ihm nach der Sünde innerlich zumute war. Doch Gott, der die Herzen der Menschen kennt, wollte, dass David dies für uns niederschrieb. Das ist göttliche Inspiration.

Die Beschreibung des Beginns der Menschheitsgeschichte im 1. Buch Mose beindruckt mich wegen ihrer Kürze. Da wurde auf weniger als 100 Seiten über zwei Jahrtausende Geschichte niedergeschrieben. Das kann nur Gott als Verfasser, denn er beschreibt die Menschen mit ihrem wahren Gesicht. Da flog die Schwindelei der Brüder Josefs, als sie ihn nach Ägypten verkauften und dem Vater erzählten, er sei von einem Tier gefressen worden, irgendwann auf. Es wurde alles offenbar, was sie vertuschen wollten. Die wahren Motive wie Neid und Missgunst werden aufgedeckt und benannt.

Gott sucht den kürzesten Weg zu unseren Herzen. Es gehört Mut dazu, die Probleme bei sich selbst ohne Umwege anzugehen und sich dem zu stellen, wie es im Herzen wirklich aussieht. Gott möchte uns helfen und uns heilen.

Gott möchte den Zugang zu Ihrem Herz, um es zu heilen; öffnen Sie ihm daher die Tür.

5. Wo technische Freundschaft verbindet

Alles besteht durch ihn.
Kolosser 1,17

Nichts gegen Beton, den meistverwendeten Baustoff im Brückenbau! Beton ist bestens geeignet für Druckkräfte, jedoch für Zugkräfte nur sehr begrenzt nutzbar. Dies ist sein größter Nachteil. Im Laufe der Entwicklung der Betontechnologie im 19. Jahrhundert machte man eine erstaunliche Entdeckung. Es war der französische Gärtner Joseph Monier[5]

---

5 Joseph Monier (1823–1906) war ein französischer Gärtner, Erfinder und Unternehmer. Er gilt als der Erfinder des Eisenbetons, auch wenn andere wie François Martin Lebrun, François Coignet und Joseph-Louis Lambot bereits ähnliche Entdeckungen gemacht hatten, sie aber nicht oder nur für kurze Zeit weiterverfolgten. Er verwendete das Prinzip der Verbindung von Zement und Drahtgeweben bald auch bei der Anlage von künstlichen Felsengärten und erweiterte es auf die Herstellung von Wassertanks, Rohren, kleineren Brücken, Treppen und Betonträgern. Während seine Ideen in Frankreich einen begrenzten Einfluss hatten und in der Praxis im Wesentlichen auf den Garten- und Landschaftsbau beschränkt blieben, wurden diese Ideen von Baufirmen wie Wayss & Freytag und Beton- und Monierbau rasch in die alltägliche Praxis umgesetzt.

(1823–1906), der mit der Herstellung von Pflanzkästen für den Transport von Orangenbäumchen in herrschaftlichen Gärten begann. Auf seinen Namen geht die alte deutsche Bezeichnung für den Bewehrungsstahl, „Moniereisen", zurück. Seine Idee wurde in Deutschland von Gustav Adolf Wayss und Conrad Freytag aufgegriffen.

Diese Erfindung gilt als eine Revolution im Bauwesen. Man fand heraus, dass es einen Partner des Betons gibt, der ihm die fehlende Fähigkeit der Zugfestigkeit verleiht: den Baustahl. Stahl hat den Vorteil, dass er sowohl Druck als auch Zug aufnehmen kann, er lässt sich stauchen, aber eben auch dehnen. Allerdings ist die Korrosion sein größter Nachteil. Jeder weiß, dass man den blanken Stahl beschichten muss. Genau dieses macht nun bei dem eingelegten Bewehrungsstahl der Beton selbst. Er bildet während des Abbindeprozesses beim Erhärten des frischen Betons eine „Passivschicht" als Korrosionsschutz, und das einfach so nebenbei![6]

Nicht genug der Freundschaft, die beiden Stoffe Beton und Stahl haben noch dazu gleiche Wärmeausdehnungseigenschaften. Die beiden Stoffe sind ideal füreinander geschaffen. Sie warteten nur darauf, dass jemand ihre Partnerschaft entdeckte.

Stahl bietet dem Beton die fehlende Zugtragfähigkeit, Beton bietet dem Stahl den fehlenden

---

6 Es handelt sich um eine chemische Reaktion. Die Eigenschaft des Zementsteins als Bestandteil im Beton schützt den Stahl infolge Passivierung (Erzeugung einer Schutzschicht). Durch die Hydratation (Anlagerung von Wassermolekülen) des Zementes bildet sich Ca(OH)2 mit pH> 12.

Korrosionsschutz. Zusammen ist ein völlig neuer Werkstoff entstanden. Beton und Stahl schließen miteinander untrennbare Freundschaft und halten zusammen.[7]

* * *

Das Geheimnis der Bindungsenergie

Mit dem Verbund verschiedener Baustoffe kann man Vorteile erzielen, wie wir beim Stahlbeton gesehen haben. Beim Treibsand z. B. fehlt diese entscheidende Bindung nämlich. In der Materialkunde stößt man beim tieferen Eindringen auf verschiedenste Bindungsarten wie Gefüge und Strukturen. Selbst Gesteine und Metalle sind keine „feste Masse", sondern bestehen aus Teilchen, die miteinander zusammenhängen.

---

7 Ähnliche „technische Freundschaften" findet man auch im Holzbau. In früheren Zeiten erkannten die Baumeister, dass das Zusammenfügen von mehreren Holzträgern die Tragfähigkeit erheblich steigert. Ein einfaches Beispiel soll dies illustrieren. Ein Balken der Höhe H und der Breite B hat ein bestimmtes Trägheitsmoment, das Maß von Tragfähigkeit, von I1 = B*H3/12. Würde man zwei übereinanderliegende Balken starr miteinander verbinden, so ergibt sich ein Trägheitsmoment von I2 = B*(2H)3/12 = 8*I1. Die Rechnung ist verblüffend, denn aus 1 + 1 = 8 geworden. Die Tragfähigkeit hat sich um das Vierfache erhöht gegenüber zwei einzelnen Trägern. Dem festen Verbund zwischen beiden Werkstoffen ist besondere Aufmerksamkeit zu widmen. Davon hängt das Zusammenwirken der beiden Verbundpartner entscheidend ab.

Entwurfsskizze einer Talbrücke am Hochrhein

Dringen wir noch tiefer in die Struktur der Materie vor, so stoßen wir auf die Mikrostruktur, die atomare Struktur. Wir wissen aus der Chemie, dass die Materie aus Atomen besteht. Diese können sich zu Molekülen verbinden. Ein Atom besteht aus einem Kern mit Protonen und Neutronen, die von Elektronen umkreist werden. Es sind alles winzigste Elementarteilchen, die „große" Abstände zueinander haben. Der Zwischenraum ist praktisch leer. Physikalisch werden die Teilchen durch die elektrostatische Anziehungskraft zusammengehalten, die mit der Zentrifugalkraft der umkreisenden Teilchen im Zusammenhang steht. Es ist erstaunlich: Die eine Kraft zieht nach innen, und die andere wirkt nach außen. Wieder stellen wir fest, dass verschiedene Bestandteile zusammenhalten. Es herrscht Gleichgewicht.

Analog zu der molekularen Mikrowelt funktioniert der Makrokosmos ganz ähnlich. Physikalisch gesehen herrscht hier das gleiche Prinzip. Nehmen wir als Beispiel unser Sonnensystem: Die Erde rotiert – und zwar ziemlich schnell, nebenbei gesagt. Die dabei erzeugte Zentrifugalkraft (Fliehkraft) ist nach außen gerichtet. Die Gravitationskraft (Schwerkraft), die durch die beiden Himmelskörper entsteht, wirkt von innen der Zentrifugalkraft entgegen. Es herrscht Gleichgewicht, die Himmelskörper bleiben zusammen. Auch im Zeitalter der Raumfahrt gelten somit noch die vom englischen Mathematiker, Physiker und Astronomen Sir Isaac Newton aufgestellten Gesetze der Gravitation.

An dieser Stelle darf gefragt werden, woher diese Kräfte des Zusammenhaltens stammen. Über die Ursache der Schwerkraft der Materie und der elektrostatischen Anziehungskraft im Atom gibt es bis heute noch keine abschließende Erklärung. Wir haben gesehen, dass etwas nur in sich „bestehen" kann, wenn die Anziehungskräfte vorhanden sind, die alle Elemente zusammenhalten.

Gott garantiert Sicherheit

Von Jesus Christus wird nun gesagt, dass alles durch ihn besteht (Kolosser 1,17). Wörtlich kann es auch bedeuten: „sich zusammensetzen" oder „in Einheit zusammenhalten".

Sollte ER, der alle Naturgesetzte erfunden hat, nicht die Erklärung für diese Anziehungskräfte haben? Wird die Wissenschaft dahinterkommen, was die Ursache dieser Anziehungskräfte ist? Der Nobelpreis winkt! Möglicherweise ergäben sich im Falle der Erklärung dann aber neue ungelöste Fragen.

Diese Gesetzmäßigkeiten reichen bis in unser Leben hinein! Wie glücklich darf ich darüber sein, dass mir der Gott und Urheber allen Seins diese Bindungsenergie zur Verfügung stellt. Welch ein atemberaubender Gedanke, mein Existieren einmal aus diesem Blickwinkel zu sehen! Würde der Schöpfer diese unbegreifliche Energie für den Bruchteil einer Sekunde außer Kraft setzen, wäre es um mich geschehen.

Wie entspannend zu wissen, dass Gott der Schöpfer und Erhalter allen Seins ist!

Gott ist für Zusammenhalt. Wie uns die Bibel zeigt, lebt Gott in einer Dreieinheit: Vater, Sohn und Heiliger Geist, was in sich völlige Harmonie darstellt. Gott ist auf Beziehung angelegt. Auch der Mensch ist nicht geschaffen, um für sich selbst da zu sein, auch er ist auf Beziehung angelegt. Der Mensch findet seine Identität nicht in sich selbst, sondern im Gegenüber. Erst im Geliebtwerden findet der Mensch sein letztes Glück. An der Idee der Ehe wird es deutlich. „Und Gott, der HERR, sprach: Es ist nicht gut, dass der Mensch allein sei; ich will ihm eine Hilfe machen, die ihm entspricht", so steht es auf den ersten Seiten der Bibel in 1. Mose 2,18. Treue ist die Krone einer Beziehung. Der Mensch ist so geschaffen, dass er zur Treue fähig ist. Eine Verpflichtung zur Treue ist der sicherste Beweis für wahre, echte Liebe. Erst bei der Verpflichtung zur Verbindlichkeit kann der Partner er selbst sein, ohne Angst haben zu müssen, den anderen zu verlieren. Er hat die Freiheit, die tiefsten Empfindungen dem mitzuteilen, der ein ganzes Ja, ohne Wenn und Aber, zu ihm gesagt hat.

Die Geschichte Israels zeigt allerdings, wie die Menschen im Grunde sind. Meist schrien sie erst zu Gott, wenn sie unter Druck kamen und Not litten. Sobald der Leidensdruck weg war, vergaßen sie schnell Gottes Hilfe und lebten wieder ihr eigenes Leben.

Das Muster ist bis heute dasselbe geblieben: Wir klagen Gott an, wenn es uns schlecht geht, und fragen, wie Gott das zulassen kann. Sobald wir wieder auf eigenen Füßen stehen, versuchen wir es erneut ohne Gott. Die Gott-Losigkeit ist uns eingeimpft. „Und vielleicht gelingt es durch Gottes Gnade, für ein oder zwei Tage zum Geschöpf zu werden, das sich bewusst Gott unterwirft und seine Kraft aus der wahren Quelle schöpft. Jedoch genau in dem Augenblick, in welchem die Bedrohung verschwindet, springt meine ganze Natur zurück zu dem Spielzeug. Ich bin sogar, Gott verzeih mir, darauf aus, das Einzige, was mir unter der Bedrohung hilfreich gewesen war, nur ja wieder aus meinem Herzen zu verbannen, weil es sich nun verknüpft zeigt mit der Misere jener wenigen Tage".[8]

Gott statuierte mit seinem Bundesvolk Israel ein Exempel, was er unter Treue versteht. Die Geschichte zeigt, dass Israel als Volk schon mehrfach hätte ausgerottet werden sollen. Dass dies nie geschah, deutet darauf hin, dass der Gott, der mit seinem Volk einen Bund geschlossen hat, es vor der Auslöschung bewahrt hat. Gott hat daran seine Glaubwürdigkeit gezeigt: „Ich will dich mir verloben in Ewigkeit, und ich will dich mir verloben in Gerechtigkeit und in Recht und in Gnade und in Erbarmen" (Hosea 2,21). Der vollkommene Gott ist bereit, Vertragspartner des fehlbaren Menschen zu werden; dies ist und bleibt unfassbar! Was Gott sagt, meint er auch so. Wie gut, dass Gott absolut treu und zuverlässig ist.

Es ist unglaublich, wie lange Gottes Tür für manchen offen bleibt. So mancher hat noch die Gnade auf den letzten Drücker erlebt und sich dann an die „letzte Adresse" gewandt! Wie erbarmend ist Gott mit uns sündigem Geschlecht! Gottes endgültiges Ja zu mir ist nur in seiner absoluten Glaubwürdigkeit und Gnade garantiert, niemals in meiner Perfektion.

---

8 C. S. Lewis, *Über den Schmerz,* Brunnen-Verlag Gießen, 2015, 9. Auflage (S. 106).

6. Die Grundlage muss stimmen

Jeder nun, der diese meine Worte hört und sie tut, den werde ich mit einem klugen Mann vergleichen, der sein Haus auf den Felsen baute; und der Platzregen fiel herab, und die Ströme kamen, und die Winde wehten und stürmten gegen jenes Haus; und es fiel nicht, denn es war auf den Felsen gegründet.
Matthäus 7,24-25

Der sogenannte „Schiefe Turm" von Pisa könnte mit technischen Mitteln wieder gerade aufgerichtet werden, aber dann hätte man keine Touristenattraktion mehr, also lässt man ihn lieber schief stehen. Der Schiefe Turm ist eine Illustration dafür, wohin es führen kann, wenn der Untergrund nicht geeignet ist.

Letztlich macht nicht das äußere Erscheinungsbild, das Aussehen, eine Brücke aus, sondern der geeignete Untergrund. Aus dem Brückenbau wissen wir, dass eine Gründung immer bis auf tragfähigen Untergrund reichen muss. Eine Alternative gibt es in der Regel nicht.[9] Was nützt die schönste Brücke, wenn sie nicht gut gegründet ist?

9 Eine sog. schwimmende Gründung, wobei die Pfähle in einer nachgiebigen Schicht liegen, ist in Ausnahmefällen möglich.

Wenn das Konzept der Brücke vorliegt, geht es zum zweiten Schritt. Jetzt muss der Baugrund, die große Unbekannte, sorgfältig erkundet werden. Die zentrale Frage lautet: Wie ist der Untergrund beschaffen? Es gibt verschiedene Möglichkeiten zur Erkundung des Untergrunds wie Kernbohrungen oder Sondierungen. Mit den Kernbohrungen holt man sich Bodenproben von ca. 15 cm Durchmesser. Mit einer Sondierung, die wie ein Nagel in den Untergrund gedrückt wird, erhält man qualitative Angaben über die Dichte bzw. Festigkeit der Böden. Weiche Bodenschichten oder gar Hohlstellen sorgen nicht selten für Überraschungen!

Zunächst stellt sich nicht die Frage, wie das Bauwerk gegründet wird, sondern wie der Untergrund beschaffen ist. Liegen verschiedene Bodenschichten vor, die unterschiedlich tragfähig sind? Hat man im schlimmsten Falle sogar Weichschichten wie Torf? Welche Grundwasserverhältnisse herrschen? Kurzum, es kann hierbei zu größten Überraschungen kommen. Nein, der Untergrund ist weder starr noch homogen. Der mit Geologie vertraute Tragwerksplaner weiß, dass der Untergrund ein nachgiebiges Medium ist, das sich unterschiedlich verformen kann.

Wenn es erst in tieferen Schichten tragfähigen Baugrund gibt, dann braucht man für die Gründung einer Brücke meist große Betonpfähle mit Durchmessern bis zu 1,5 Metern, eine sogenannte Tiefgründung. Auch bei den ca. 3000 Jahre alten Pfahlbauten in Unteruhldingen am Bodensee wurde schon diese Methode angewandt.

Der Schiefe Turm von Pisa

Eine Besonderheit aller Gründungsmaßnahmen ist, dass man sie nicht sieht. Es sind Maßnahmen, die, nachdem sie vorgenommen wurden, nie mehr in Erscheinung treten. Erst falls sich eine Brücke setzt, weil der weiche Baugrund nachgibt, merkt man, leider zu spät, dass dem Baugrund nicht gebührende Beachtung geschenkt wurde. Nachbesserungen in der Gründung eines Bauwerks können nur mit allergrößtem technischen Aufwand gemacht werden.

* * *

Auf Sand gebaut?

Jesus, der die Menschen seiner Zeit gut kannte und mochte, vermittelte seine Lehren oft in Gleichnissen. Bei einem Gleichnis wird von einer bekannten Tatsache auf eine unbekannte geschlossen. In seinem Gleichnis vom klugen Hausbauer erklärt er, wie wichtig es ist, auf den richtigen Untergrund zu bauen. Er vergleicht die Reaktion der Zuhörer auf seine Reden mit der Auswahl des Baugrundes für ein Haus. Die uns vertraute Redewendung „auf Sand bauen" stammt aus diesem Gleichnis: „Jeder nun, der diese meine Worte hört und sie tut, den werde ich mit einem klugen Mann vergleichen, der sein Haus auf den Felsen baute; und der Platzregen fiel herab, und die Ströme kamen, und die Winde wehten und stürmten gegen jenes Haus; und es fiel nicht, denn es war auf den Felsen gegründet" (Matthäus 7,24-25).

Der Treibsand, der in diesem Gleichnis beschrieben wird, ist ein heimtückischer Baugrund. Er wird auch Schwimmsand genannt, weil er ein Stoffgemisch aus Sand und Wasser ist. Obwohl er im ungestörten Zustand einigermaßen fest erscheint, verhält er sich unter Druck wie ein spezieller Typ Flüssigkeit. Geologisch lässt sich das Phänomen Treibsand relativ einfach erklären. Voraussetzung sind Sandschichten, die gewisse Bedingungen erfüllen. Bei Erschütterungen oder auflagerndem Druck verlieren die Sandkörner den Kontakt untereinander und verschieben sich in ihrer wässrigen Umgebung ohne größeren Widerstand. Es bildet sich dann eine Suspension (ein Stoffgemisch aus einer Flüssigkeit und feinen, darin verteilten Partikeln). Dem Treibsand fehlt das Entscheidende: die Verbindung der einzelnen Körner zueinander. Dies macht ihn als Baugrund untauglich.

In Abenteuerfilmen ist es ein beliebtes, für Hochspannung sorgendes Szenario: Menschen, die im Treibsand einsinken und erst in letzter Sekunde gerettet werden (oder gar nicht, wenn es sich um Bösewichte handelt).

Erstaunlich treffend verweist Jesus auf die Wirkungsweise, wir sagen fachmännisch: die Interaktion, zwischen Bauwerk und Baugrund. Ein Bauwerk muss den gefährlichsten Einwirkungen standhalten. Im Falle einer Brücke ist dies weniger der Wind, es sind eher Eigengewicht, Verkehrslasten oder Erdbeben. Bei einem kleinen Wohnhaus, wie im Gleichnis, ist meist der starke Wind bzw. ein Orkan die größte Einwirkung. Tritt gleichzeitig mit dem Wind noch ein heftiger Regen ein, wie es im Gleichnis heißt, so verstärkt dies die Gefahr, weil Überschwemmungen den Baugrund destabilisieren. Es entsteht dann ein Grundbruch, indem der Untergrund in sich zusammenfällt. Ein Fels hält diesen Strömen stand, aber Sand ist dazu nicht in der Lage.

* * *

Wie ist mein Lebenshaus gegründet?

Jeder Mensch entwirft sein Lebenshaus. Das Bild des Lebenshauses trifft den Kern unseres Seins. In seinem Lebenshaus ist jeder zu Hause, es bietet ihm Sicherheit. Manches Lebenshaus ist schlicht und unauffällig, andere Lebenshäuser sind auf Selbstdarstellung und auf Außenwirkung angelegt.

Worauf ist Ihr Lebenshaus gegründet? Diese Frage dürfen wir nicht verdrängen! Mancher hat erst auf dem Sterbebett festgestellt, dass sein Haus auf dem falschen Grund gebaut war. Mancher ignoriert die Schieflage nach dem Motto: nur keine Blöße zeigen! Erst wenn die äußeren Einwirkungen auftreten, dann zeigt sich, wie gut oder schlecht eine Gründung ist. Erst wenn die Stürme des Lebens kommen, wird offenbar, wie ein Lebenshaus gegründet ist. Schieflage kann tödlich enden.

Auch unser Lebenshaus muss einmal extremen Belastungen standhalten. Da wird sich zeigen, wie gut die Gründung ist. Weder Krankheit oder Armut noch Anfechtungen oder Widerwärtigkeiten müssen unser Lebenshaus zum Einsturz bringen. Genügend Beispiele belegen, dass der Mensch in der Lage ist, extremste Belastungen auszuhalten.

Zurück zum Gleichnis. Die Hauptaussage des Gleichnisses lautet: Baue dein Lebenshaus auf den Fels, dann hält es allen Stürmen stand. Jesus bezeichnet den klugen Mann als den, der seine Worte hört und tut. Anders als die vielen Ideologien, die einen Lebensentwurf anbieten, hat Jesus etwas Einzigartiges zu geben. Aus dem Kontext wird ersichtlich, dass das Angebot Jesu eines Lebensentwurfes über unsere Lebenszeit hinausreicht. Es geht um die Frage, wie ich ins „Reich der Himmel" komme. Der kluge Mann ist nicht jener, der aufgrund seiner Bildung den richtigen Lebensentwurf findet, sondern der, der auf Jesus hört. Gott hat eine Lösung für die Gründung unseres Lebenshauses, die *allen* Menschen gilt. Gott ist gerecht.

Was ist der gefährlichste Sturm? Es mag befremdend klingen, doch die Bibel zeigt, dass der Gott, der uns den Fels anbietet, derselbe Gott ist, der auch den Sturm kommen lässt! Laut Bibel ist der Gerichtssturm der gefährlichste Sturm, der einmal über unser Lebenshaus hinwegfegen wird. „Und wie es den Menschen bestimmt ist, einmal zu sterben, danach aber das Gericht" (Hebräer 9,27), so steht es in der Bibel. Nur wenn mein Lebenshaus auf dem „Fels" gegründet ist, wird es dem Gerichtssturm standhalten. In der Bibel wird Jesus als der Fels bezeichnet (1. Korinther 10,4). Buchstäblich ist das Gericht Gottes in voller Intensität über Jesus niedergeprasselt, als er am Kreuz in Jerusalem starb. Da tobte solch ein Sturm, dass sich der Himmel am helllichten Tage verdunkelte.

Jesus, der vollkommen Schuldlose, ließ diesen bestialischen Mord am Kreuz über sich ergehen, und dies nur aus einem einzigen Grund. Er tat es stellvertretend für Sie und für mich, nicht für sich selbst. Bauen Sie Ihr Haus auf diesen Felsen, dann können

Sie sagen: „Denn in (Gott), dem HERRN, ist ein Fels der Ewigkeiten“ (Jesaja 26,4).

Das Angebot von Gottes Seite steht. Gott wird nie jemanden zwingen, etwas zu tun. Jeder darf frei entscheiden, so oder so, mit allen Konsequenzen.

7. Wenn die Brücke Musik macht

Auch hat er die Ewigkeit in ihr Herz gelegt.
Prediger 3,11

Eine Brücke kann ins Schwingen geraten. Wenn die Schwingungen zu heftig werden, kann es jedoch gefährlich werden. Marschierenden Soldaten wird die Anweisung erteilt, dass sie nicht im Gleichschritt über eine Brücke gehen dürfen, da sie sonst einstürzen kann.

Beim Bau der ersten Hängebrücken hatte man unterschätzt, dass sogar ein gewöhnlicher Wind zum Kollaps führen kann. Dies geschah so am 7. November 1940 bei der Tacoma-Narrows-Brücke im US-Bundesstaat Washington. Bei darauffolgenden Studien nach der Ursache stieß man auf das Phänomen der sogenannten „Karmann'schen Wirbelstraße". Der Wind, der um die dünnen Tragseile der Hängebrücke streicht, führt infolge der Strömung zu zyklischen Wirbelablösungen. Dann passiert Folgendes: Einmal wirkt der Wind von unten auf das Seil, das nächste Mal wirkt er von oben, dann wieder von unten und so weiter. Dies ist zwar ein normaler physikalischer Vorgang, aber sobald die zyklische Anregung mit der

Eigenfrequenz der Brücke zusammenfällt, geschieht etwas Außergewöhnliches.

An einem bekannten Beispiel soll die Eigenfrequenz erklärt werden. Möchte sich jemand in geselliger Runde Gehör verschaffen, so greift er zu einem leeren Glas und schlägt mit einer Gabel daran. Es entsteht ein unüberhörbarer Klang. Dies ist genau die Eigenfrequenz des Glases. Das Glas schwingt und gibt somit einen Ton ab. Das Prinzip lautet: Durch äußere Anregung antwortet der Gegenstand mit seiner Eigenfrequenz.

Die unübertreffliche „Golden Gate Bridge“

Kommen wir zurück zur Hängebrücke. Wenn die zyklische Anregung der Tragseile durch den Wind genau mit der Eigenfrequenz der Brücke übereinstimmt, passiert etwas Heimtückisches. Der Brücke „gefällt“ diese Anregung zunächst, weil es genau ihrem Wesen entspricht, und sie macht dieses Spiel mit. Die Brückenseile verformen sich durch die Windlast. Genau in dem Augenblick der maximalen Auslenkung nach oben wird diese durch den Windwirbel nochmals verstärkt. Dann geschieht dasselbe wieder nach unten und so weiter. Man spricht von einer Resonanz, die eine Brücke bis zum Zerbersten aufschaukeln kann.

Genauso kann dieses Phänomen eintreten, wenn die Schrittfrequenz der Fußgänger beim Gehen der Eigenfrequenz der Brücke entspricht. So erging es der Millennium-Brücke in London zum Jahrtausendwechsel. Einige Tage nach dem ersten Betreten musste diese extravagante Brücke geschlossen werden. Man hatte sich offensichtlich unzureichend auf deren Schwingungsverhalten vorbereitet. Fußgängerbrücken besitzen interessanterweise die Eigenschaft, dass ihre erste Eigenfrequenz etwa der üblichen Schrittfrequenz von zwei Hertz entspricht. Sie macht dann eine „Musik", die jedoch wegen der tiefen Frequenzen für uns nicht mehr hörbar ist.

Erstaunlich ist nun, dass ein Musikinstrument, physikalisch gesehen, nach dem gleichen Grundmuster funktioniert. Zupft man die Saite einer Gitarre, so ergibt sich ein Ton durch die Schwingung der Saite. Um den schwach hörbaren Ton der schwingenden Saite zu verstärken, braucht man den Korpus der Gitarre, einen Hohlkörper aus Holz. Man spricht deshalb vom Resonanzkörper. Dieser ist so gebaut, dass bei möglichst vielen Frequenzen ein Mitschwingen erfolgt. Durch den Resonanzkörper wird der Klang des betreffenden Instruments entscheidend bestimmt. Resonanzkörper sind Bestandteil vieler anderer klassischer Musikinstrumente, wie z. B. das Klavier oder der Flügel.

Ein Resonanzkörper ist Teil des schwingungsfähigen Systems, das auf ein großes Spektrum von Eigenfrequenzen abgestimmt sein kann. Die Kunst des Erbauers von Musikinstrumenten liegt in der Formfindung, damit alle Töne der einzelnen Frequenzen gleich laut erscheinen. Da gilt: Je größer ein Korpus, desto tiefer liegen seine Eigenfrequenzen, und umgekehrt.

Die Resonanzerscheinung bei einem Musikinstrument ist gewollt. Dank des relativ weichen Materials wie z. B. Holz klingen die Schwingungen rasch ab. Man spricht daher von der „Dämpfung" des schwingenden Systems. Wegen dieser Dämpfung kann die Resonanzerscheinung nicht zum Zerbersten des Instrumentes führen. Diese Besorgnis würde ja alle Freude an der Musik nehmen!

Der Unterschied zwischen einer Brücke und einem Instrument liegt auf der Hand. Bei dem Instrument liebt man die Resonanz, bei der Brücke dagegen fürchtet man sie.

* * *

Die göttliche Eigenfrequenz

Im übertragenen Sinne hat jeder Mensch seine Eigenfrequenz in sich. Ich möchte sie als die „göttliche Eigenfrequenz" bezeichnen. Salomo wusste davon zu berichten, dass Gott die Ewigkeit in unsere Herzen hineingelegt hat. Dies verweist auf die ewige

Bestimmung des Menschseins. Im Innersten unseres Seins, im Herzen, ist eine Ahnung von Ewigkeit vorhanden. Diese Ahnung geht nicht über unsere Ratio, sondern sie wirkt unabhängig von unserem Verstand wie eine Intuition.

Diese „göttliche Eigenfrequenz" ist ein Input Gottes, den er in unserem Innersten installiert hat. Wie wir gesehen haben, wird die Eigenfrequenz immer durch eine Anregung geweckt, so auch bei uns! Das kann von außen sein durch die Betrachtung der Natur oder und auch von innen durch unser Gewissen, so erklärt es Paulus sinngemäß in seinem ersten Kapitel im Brief an die Römer. Wir werden von Gott angeregt. Der Mensch ist einzigartig. Nur im Diesseits zu leben, nur für das Irdische, das Sichtbare da zu sein, das ist zu wenig. Der Mensch ist auf Ewigkeit angelegt. Gott ist daran interessiert, mit seinem Geschöpf in persönlichen Kontakt zu kommen. Diese Liebe sucht uns, es ist eine gewinnende Liebe voll innigstem Erbarmen. Jeder ist dafür empfänglich, geliebt zu werden, da sind wir alle gleich.

Ein echtes Wahrnehmen der geschaffenen Natur führt zum Staunen. Das Betrachten des nächtlichen Sternenhimmels lässt uns empfinden, dass wir etwas Unfassbarem gegenüberstehen. Die Bilder der fernen Galaxien des Hubble-Teleskopes lassen uns den Hauch der Ewigkeit verspüren. Wir verstummen und empfinden uns als klein.

Wenn die Anregungen des Schöpfers mit unserer Eigenfrequenz zusammentreffen, dann entsteht eine Übereinstimmung mit den Absichten des Schöpfers. Es kommt zur „Resonanz", dann passiert etwas. Die

Bibel gebraucht dafür den Begriff „Begegnung". Gott möchte, dass wir ihn kennenlernen, er ist auf der Suche nach uns. Er weiß genau, wo wir innerlich stehen. Gott möchte, dass wir in Übereinstimmung mit ihm leben, denn dies ist das Beste, was uns geschehen kann. Der Schöpfer will nur mein Bestes! Augustinus, der im 4. Jahrhundert lebte, fand Gott, nachdem er ein ausschweifendes Leben ohne Gott geführt hatte und dabei fast zerbrochen wäre. Er drückt es so aus: „Ruhelos ist unser Herz, bis es ruht in dir, oh Gott."

Wollen Sie diese „Anregung" Gottes zulassen, dass es zur „Musik" in Ihrem Leben kommt?

* * *

Gott kennen ist Leben

Jeder Mensch ist eine geniale Idee Gottes, und dies erstaunlicherweise schon seit ewig. Etwas ist in uns: Es ist die tiefste Sehnsucht nach Leben, die erst gesättigt wird, wenn wir Gott kennen. „Gott kennen ist Leben", so drückte es Tolstoi aus. Wer Gott gefunden hat in Jesus Christus, der kommt ins Schwingen. Da ist Übereinstimmung entstanden mit dem, der mich gewollt hat. Das führt zur Resonanz mit dem ewigen, glücklichen Gott. Begegnung mit Gott ist möglich; er sucht Sie, er hat sogar den Antrieb in uns hineingelegt, ihn zu suchen.

Aus der Schwingungslehre weiß man, dass bei eintretender Resonanz nur eine Dämpfung das System vor einem Kollaps, wie bei der Tacoma-Brücke, bewahren kann. Der Mensch, der in Jesus sein Glück gefunden hat, hebt deswegen nicht ab. Die raue

Wirklichkeit des Lebens bietet ihm genug „Dämpfung“.

Gott ist nicht im Verborgenen geblieben: „Ich bin Jahwe und keiner sonst! Ich habe nicht im Verborgenen geredet, irgendwo in einem finsteren Land. Ich habe den Nachkommen Jakobs nicht gesagt: ‚Vergeblich sucht ihr mich.‘ Nein, ich bin Jahwe, der die Wahrheit sagt!“ (Jesaja 45,18f.; NeÜ). Bereits vor Erschaffung des Universums hatte Gott einen Plan für Sie. Er verfolgte schon vor Grundlegung der Welt die Absicht nach einer Beziehung mit Ihnen. Ein Plan bedeutet, dass er nicht die einzige Möglichkeit darstellt. Aber Gott gab dieser Idee den Vorzug vor den anderen Möglichkeiten. Sie sind eine Idee Gottes, weil er Sie wollte und Sie liebt!

Der Schlüssel für diese Tür zum Herzen Gottes liegt bei uns. Wenn ich diese Liebe erwidere, dann darf ich im Herzen Gottes sein – für ewig. Geht jemand nicht auf dieses Angebot ein, dann wird es einmal heißen: „Ich kenne dich nicht“, die Tür bleibt dann für immer zu. Der gerechte Zorn Gottes führt zu dieser schrecklichen Konsequenz – das ist dann Existieren in der Hölle für immer!

Es ist Ihre Entscheidung, auf diese Liebe zu antworten, um diesen Gott kennenzulernen.

8. Was echte Schönheit ausmacht

Alles hat er schön gemacht zu seiner Zeit.
Prediger 3,11a

Wenn eine Brücke schön ist, dann wird sie eben als schön wahrgenommen. Schönheit spricht für sich, sie bedarf keines Beweises. Schönheit wird erkannt und wahrgenommen – sie ist evident.

Ist es für ein Bauwerk wichtiger, dass es schön ist oder dass es stabil ist? Jeder, der sicher über eine Brücke fahren möchte, wird sich für wohl das Letztere entscheiden. Dennoch erregen gerade schöne, imposante Bauwerke unsere Aufmerksamkeit. Ein Brückenbauer weiß, dass Schönheit und Stabilität zusammengehören. Die Form der Brücke spiegelt ihr Tragverhalten wider. Es soll gezeigt werden, was kräftemäßig passiert. Bereits in der Antike erkannte man in der Baukunst den Zusammenhang zwischen Statik und Ästhetik. Heute sprechen wir von Ingenieurbaukunst. Man meint damit die Kunst, das richtige Tragsystem zu finden. Es ist dann die richtige Brücke am richtigen Platz entstanden. Gelingt dies, dann führt es unangestrengt zur Schönheit. So ist, ohne dass man sie bewusst gesucht hat, eine innere, übereinstimmende Schönheit entstanden. Alles passt zusammen. Man spricht zu Recht von der Logik der Form. Wenn das Tragsystem richtig ist, dann ist auch das Bauwerk schön! Wahre Schönheit ist echt, sie ist eine innere Schönheit.

Für den Ingenieur muss der Kraftfluss ablesbar sein. Hieran zeigt sich eine gute Konstruktion. Sie wird die Kräfte auf möglichst einfache, direkte Weise in den Untergrund ableiten. Man hat beim Entwerfen des Bauwerks von „innen" begonnen. Schönheit entsteht da, wo Naturgesetze beachtet werden! Für den Brückenbauer ist es das Schönste, wenn Laien ebenfalls zu dem Ergebnis kommen, dass die Brücke gelungen ist.

Fritz Leonhard, der größte Brückenbauer unserer Zeit, weist nach, dass Schönheit gewissen objektiven Ordnungsprinzipien unterliegt, wie z. B. dem „Goldenen Schnitt" (dem idealen Prinzip ästhetischer Proportionierung). Auf der Spur dieser Ordnungsprinzipien ist der Autor auf viele wohlproportionierte Brücken gestoßen.

Die Lösung muss gefallen, sie muss stimmig sein, so lautet ein weiterer Gesichtspunkt. Leider wird oft zu schnell erwidert, dass alles eine Frage des Geschmacks sei. Dies stimmt zum Teil, ist jedoch nur die halbe Wahrheit. Schönheit überzeugt für sich selbst. Die Baumeister der Antike fanden heraus, dass es Ordnungen und Gesetzmäßigkeiten gibt, die objektive Schönheit begründen. Gäbe es diese Prinzipen nicht, bräuchte man heute keine Designer! Hilfreich für die Praxis ist der Grundsatz, dass man die Lösungen zunächst zu Papier bringt und einfach nur betrachtet. Was stimmig ist, das fällt ins Auge. Naturgegebene Ordnungen, wie z. B. der „Goldene Schnitt“, sind überzeugend. Die Lehre daraus lautet: Wahre Schönheit entsteht da, wo man von innen beginnt.

* * *

Der glückliche Gott

Es mag befremden, Gott so zu bezeichnen: Gott ist ein in sich „seliger und glücklicher Gott“ (nach 1. Timotheus 1,11; 6,15; NeÜ). Begegnen wir Jesus von Nazareth in den biblischen Berichten, so treffen wir auf eine außergewöhnliche Persönlichkeit. Sein dreijähriges öffentliches Wirken zeigt, dass er im Grunde nichts anderes als sein wahres Wesen auslebte. Wer ihm in die Augen sah, der war angetan von seiner Ausstrahlung. Er konnte von sich selbst sagen: „Wer mich sieht, sieht den, der mich gesandt hat“ (Johannes 12,45). Wie war sein Umgang mit den Menschen geprägt von Einfühlsamkeit und Verständnis! Mit welch schönen Worten richtete er seinen Freund Petrus wieder auf, als dieser vor Selbstanklage kaum noch das Haupt erheben konnte (Johannes 21,17)! Wie treffend waren seine Worte für die gescheiterte Frau am Jakobsbrunnen. Ohne sie zu verletzen, gelangte er nach wenigen Sätzen am Problem ihres Lebens an, worauf sie ihm ihre ganze Not offenbarte (Johannes 4). Er verstand es, dass „ein Wort, geredet zu seiner Zeit“ wie „goldene Äpfel in silbernen Prunkschalen“ ist“ (Sprüche 25,11). Mit welch schönen Bildern und Gleichnissen lehrte er seine Zeitgenossen. Mit einfachsten Bildern aus der Natur, wie mit dem

Sterben des Weizenkorns, konnte er tiefgründige geistliche Wahrheiten illustrieren (Johannes 12,24). Wie eindrücklich zeigte er, dass die „Anmut der Sprache ... das Lehren" fördert (Sprüche 16,21).

Aber da, wo die Ehre Gottes angegriffen und verletzt wurde, brachte er die Wahrheit ans Licht. Manchmal griff er hart durch wie bei der Tempelräumung. Die Ergebenheit an seinen Vater stand bei ihm über jeglicher Menschenfurcht. Die Liebe zur Wahrheit verhalf ihm zu den richtigen, deutlichen Worten (Matthäus 21,13). Wie schön war seine Freundschaft zu seinen Jüngern, die auch dann noch hielt, als sie ihn alle in seiner schwersten Stunde im Garten Gethsemane im Stich gelassen hatten (Markus 14,37). Er bewies damit: „Ein Freund liebt zu jeder Zeit" (Sprüche 17,17).

In Jesus Christus begegnet uns ein Mensch, der in vollkommener Weise seine Berufung auslebte. Seine Bestimmung war es, die Herrlichkeit des ewigen Gottes auszustrahlen und darzustellen. Seine leidenschaftliche Botschaft galt den Menschen: So wie ich bin, so ist Gott wirklich. Deshalb konnte er über sich sagen: „Ich bin der Weg und die Wahrheit und das Leben. Niemand kommt zum Vater als nur durch mich" (Johannes 14,6). Sein Leben auf der Erde war eine einzige Botschaft Gottes an die Menschen. Er war die Wahrheit und die Harmonie in Person. Doch Schönheit ist nur schön, wenn sie ein Abglanz der Wahrheit ist. Daher trifft auf ihn zu: „Du bist schöner als andere Menschen, Anmut ist ausgegossen über deine Lippen" (Psalm 45,3).

Jesus verkörpert das, was man mit vollkommener Schönheit überhaupt ausdrücken kann. Uns fehlen die Worte, ihn angemessen zu beschreiben. Vieles aus der Natur, was Menschen als schön empfinden, wird auf ihn angewendet: ER ist die Sonne der Gerechtigkeit,[10] der Stern, der Jakob erschien,[11] seine Gegenwart ist wie der Regen,[12] der auf trockene Erde fällt und Schönheit und Fruchtbarkeit hervorbringt. Sein Angesicht leuchtet wie die Sonne in ihrer Kraft.[13]

So wie der Mensch von der Sonne angezogen wird, weil sie ihm Licht und Wärme gibt, so sind wir geschaffen für Jesus, die „Sonne der Gerechtigkeit".

* * *

Echte Schönheit überzeugt

Unsere Gesellschaft ist auf das Äußere gerichtet. Es zählt das Starke, man darf keine Schwäche zeigen. Gut Aussehende und Erfolgreiche haben Pluspunkte. Stellenanzeigen beschreiben unser Ideal. Man muss jung und erfahren sein. Durchsetzungsstärke ist gewünscht, verbunden mit Teamfähigkeit. Sicheres Auftreten, aber nicht ohne menschliche Wärme, und so weiter. Diese imaginären Menschen werden gesucht, aber es gibt sie halt nicht! Die Medien leisten dazu ihren Beitrag. Täglich werden wir in der Werbung gefüttert mit Schönheitsidealen, die wie Götter auf uns wirken. Jung gebliebene Alte wohnen in den Altenheimen. Sport und gute Ernährung lassen uns blendend aussehen. Das sportliche Auto und die gut

---

10 Maleachi 3,20
11 4. Mose 24,17
12 Jesaja 55,10-11
13 Offenbarung 1,16

aussehende Frau machen das Leben zum bleibenden Glück – doch die Realität sieht anders aus! Leider gilt das Motto: mehr Schein als Sein! Warum lassen wir uns diese „Bären“ aufbinden?

Ästhetik und Spielereien mit Formen

Sind das wirklich die Menschen, die gebraucht werden? Lernt man die Menschen näher kennen, so merkt man bald, dass alle aus demselben Holz geschnitzt sind. Vergleicht man diese Idealvorstellungen mit dem Istzustand, so stellt man fest: Anstelle von Stärke trifft man oft Schwäche an; statt Selbstsicherheit herrschen oft Selbstzweifel; wo Großzügigkeit im Umgang miteinander gefordert ist, schnüren egoistische Interessen ein. Da kommt jeder schnell an seine Grenzen. Aber da man nicht sein darf, wer man ist, bleibt einem nichts anderes übrig, als sich „Überlebensstrategien“ anzueignen. Leider enden diese Strategien nicht selten in Lebenslügen. Man lebt nicht das, was man ist, sondern gibt etwas vor, was man nicht ist – eben das, was die Gesellschaft vorgibt, was wir sein müssen, um glücklich zu sein. Solch ein Leben wird sehr anstrengend und kräftezehrend. Solche Menschen leben nicht, sondern werden von ihren Idealen gejagt.

Die Bibel erklärt, woher dieses merkwürdige Verhalten der Menschen kommt. Es ist die Emanzipation von Gott. Der Mensch im Garten Eden war rundum glücklich mit seinem Schöpfer. Es fehlte ihm an nichts, alle Bedürfnisse waren gestillt. Mitten in dieser Harmonie tauchte wie aus dem Nichts der Verführer auf. Er knüpfte bei den Bedürfnissen an und redete Eva ein, dass es noch mehr gebe als das, was Gott ihnen zugeteilt hatte. Diese Lüge ist bis heute aktuell und präsent. Dem Teufel gelang es, den Menschen auf die falsche Fährte zu führen – und der Mensch ging darauf ein. Der Meister des Verblendens schaffte es, dem Menschen weiszumachen, dass er losgelöst von Gott seine tiefsten Bedürfnisse stillen könne. Ihm wurde vorgegaukelt, dass er erst in der Emanzipation von Gott sein Leben selbst verwirklichen könne. Diese Lüge wird auch in unseren Tagen gelebt.

Die Folgen sind offensichtlich: Innere Werte wie moralische Reinheit, Lauterkeit, Opferbereitschaft gelten nicht mehr als attraktiv! Wie sieht dadurch die Wirklichkeit in unserer Gesellschaft aus? Ganzheitlich betrachtet darf gefragt werden: Geht es unseren Familien, unseren Kindern besser? Geht es im sozialen Miteinander besser? Geht es dem Herzen des Menschen besser? Sind wir wirklich gescheiter geworden? Ist unsere hochzivilisierte Gesellschaft wirklich glücklicher? Macht der endlose Konsum uns wirklich im Innersten zufrieden?

Wir brauchen Menschen, die ihr wahres, unverstelltes Selbst leben. Wahrhaftigkeit und Aufrichtigkeit sind gewinnend. Da, wo ein Mensch vor dem lebendigen Gott kapituliert und zugibt, dass er sein Leben autonom von ihm geführt hat, da wird ein Leben neu. Nur da, wo wir ehrlich vor uns selbst werden und die Masken ablegen, da werden wir wieder zum Menschen. Vor Gott darf ich echt sein. Das ist eine gute Nachricht für Menschen, die es satt haben, nur „gelebt zu werden", statt selbst zu leben.

Nicht das Äußere, sondern die Authentizität, die Echtheit, macht einen Menschen schön. Von vielem hat man sich blenden lassen. Die Freude am Neuen geht allzu schnell vorbei. Die Freuden des Lebens sind zeitlich begrenzt und dauern nur kurz. Das Glück ist flüchtig, das Leid begleitet uns lange. Es gibt auf der Erde nur wenig Genuss ohne Reue.

Gott bietet mehr. Gott gibt unaufhörliches Leben. Aus seiner Hand kommt ewiges, nie endendes Glück. Ein Leben in Übereinstimmung mit Gott führt zur echten Schönheit. Sünde dagegen entstellt den Menschen.

In seinem Schöpfer findet der Mensch sich wieder.

9. Die Brücke verbindet

Denn einer ist Gott, und einer ist Mittler zwischen Gott und Menschen, der Mensch Christus Jesus, der sich selbst als Lösegeld für alle gab, als das Zeugnis zur rechten Zeit.
1. Timotheus 2,5f.

In hellen Nächten wird auf dieser Brücke gefeiert und getanzt. Kein Verkehr stört dabei. Die Brücke wird sogar in einem Lied besungen, so groß ist ihre Popularität. Kaum eine Brücke ist so berühmt geworden, seit sie ihren Zweck verfehlt hat. Es ist die Brücke zu Avignon in Frankreich, die als Pont Saint-Bénézet benannt ist nach dem heiligen Bénézet. Sie wurde zum Wahrzeichen der Stadt und gehört zum UNESCO-Welterbe.

Ihre Geschichte ist legendär und dramatisch. Eine erste in den Jahren 1171 bis 1185 erbaute Holzbrücke wurde im Jahr 1226 bei der Belagerung der Stadt fast vollständig zerstört. Die im Jahre 1355 erbaute Steinbrücke stützte sich auf 22 Bögen, deren Steine ohne Mörtel verfugt waren. Mit etwa 900 Meter Länge war sie damals die längste Brücke Europas. Die Rhone hatte ihren schlechten Ruf nicht umsonst. Schwere Hochwasser setzten das Zerstörungswerk der Kriege fort, bis die Brücke im Jahr 1660 endgültig aufgegeben werden musste. Seither steht noch der armselige Rest mit vier Bögen. Auf einem der Pfeiler befindet sich eine romanische Doppelkapelle, die im 14. Jahrhundert erbaut wurde.

Die legendäre halbe Brücke zu Avignon

Neben der Zerstörung durch Kriege gab es weitere Gründe für den Zusammenbruch. Die Bögen mit der lichten Weite von 33 Metern und der dabei nur sehr geringen Bogenhöhe von 13 Metern gelten aus Sicht der damaligen Baukunst als sehr flach. Ein Vergleich mit den dauerhaften römischen Äquadukten aus Steingewölben lässt diesen Schluss zu. An den Bogenscheiteln ist die Brücke sehr dünn. In Anbetracht der geringen Breite von nur vier Metern hat die Brücke an diesen Stellen im Bogenscheitel einen ausgeprägten Schwachpunkt gegen ein extremes Hochwasser. Die Brücke bricht dann im Scheitel auseinander. Wurden hier Regeln der Baukunst verletzt?

Die Gründungen wurden angesichts der immer wiederkehrenden starken Hochwasser der Rhone, die als wilder Fluss gilt, vielleicht nicht tief genug ausgeführt. Wurden hier Risiken falsch eingeschätzt? Die in geschichtlicher Überlieferung genannten Bedenken wurden ignoriert. Entstand so eine falsche Brücke auf dem falschen Baugrund?

Diese Brücke hat hohen Symbolwert.

* * *

„Schluss mit lustig"

Der Mensch ist zu Recht auf der Suche nach Leben und Glück. Er hat sich seine eigene Brücke gebaut, die ans andere Ufer führen soll. Viele Religionen und Ideologien bieten Entwürfe für einen Brückenschlag, die zum Glück führen sollen. Meist sind es Entwürfe, bei denen Gott, der Schöpfer, ausgeklammert wurde. Ist der Mensch wirklich in der Lage, eine solche Brücke zu errichten? Führt das nicht unweigerlich zum Zusammenbruch?

Nachdem seine „Brücke" zerbrochen ist, hat sich der Mensch mit der „halben Brücke" abgefunden. Es muss ja irgendwie weitergehen. Es macht sogar Spaß, darauf zu feiern und das Diesseits zu genießen. Wozu sich Sorgen um das „jenseitige Ufer" machen – Hauptsache, man hat Spaß! Zugegeben, Romantik gehört zum Leben, jedoch ist Romantik in Fragen nach dem Sinn des Lebens nicht der geeignete Ratgeber. Können wir gut mit der halben Brücke leben?

Für die religiös Motivierten gibt es da noch die Kapelle auf der Brücke. Andacht und Frömmigkeit gehören dazu, da sind sich die meisten einig. Der „liebe Gott" wird es schon recht machen, ich habe ja viel Gutes getan, so meinen viele. Bei der Beerdigungsfeier brauchen wir sie dann wieder, den „lieben Gott" und den Herrn Pfarrer.

„Lasst uns essen und trinken, denn morgen sterben wir!" (1. Korinther 15,32b). Sieht so unser Leben aus? Haben wir es aufgegeben, weiter zu denken, und kosten nur noch das Diesseits aus? Die Tragik ist enorm und der Preis hoch.

Wir haben gesehen, dass die beiden ersten Menschen bereit waren, Gott infrage zu stellen. Damit verfehlten sie ihr Ziel. Die Bibel bezeichnet dies als die eigentliche Sünde. Seither herrscht Kriegszustand. Der Mensch leidet unter diesem Bruch, ist unter den Machteinfluss der Sünde gekommen und wird sie nicht mehr los! Die eigentliche Not der Menschheit ist nicht Armut, Krankheit, mangelnde Bildung oder zu wenig Selbstverwirklichung. Es gibt nur ein Problem, aus der der verlorene Mensch nicht mehr herauskommt: Es ist seine zerstörte Beziehung zu dem lebendigen Gott.

Wir alle brauchen diese Brücke, denn eine tiefe Kluft hat sich aufgetan! Jesus sagt von sich: „Ich bin der Weg und die Wahrheit und das Leben. Niemand kommt zum Vater als nur durch mich" (Johannes 14,6). Gott erklärt, dass nur diese „Brücke" zum Himmel führt. Es musste eine „Brücke" sein, die den verlorenen Menschen wieder mit dem absolut gerechten und heiligen Gott in Verbindung bringt. Dazu ist ein Mittler nötig. Es musste ein „Gott-Mensch“ sein, der beide Seiten vertreten kann. Nur der kann die verfeindeten Parteien wieder zusammenführen. Die größte Kluft kann nur mit dem Kreuz überbrückt werden – dies ist die einzige Brücke, die dafür geeignet ist! Jesus Christus ist die Brücke zu Gott geworden, weil nur er der Mittler sein kann.

Der Gott der Bibel ist nicht der „liebe Gott“ oben auf den Wolken, der dem Treiben der Menschen mitleidig zuschaut und versucht, ihnen beizubringen, dass sie nett zueinander sein sollen, dann wäre alles okay. Sorry, diesen Gott gibt es nur in unseren Vorstellungen, sonst nirgends! Dieses Bild hat seinen Platz in den Museen für geistige Raritäten. Der Gott der Bibel ist ein verzehrendes Feuer, der keine Unreinheit und keine Sünde dulden kann. Das Elend des von ihm gelösten und sündigen Menschen schmerzt ihn tief im Herzen. Gleichzeitig ist er der mitfühlende Gott allen Erbarmens, wie der uns bekannte Bericht vom „verlorenen Sohn“ zeigt. Der verlorene Sohn hatte irgendwann das Essen am Schweinetrog satt, ging in sich und kapitulierte. Er kehrte zum Vater zurück und demütigte sich über sein sündiges Leben. Das Unfassbare geschah: Der Vater umarmte den gescheiterten Sohn mit seinen nach Schwein stinkenden Kleidern– so ist Gott! Willkommen im Club der Gescheiterten!

Gott hat seinen Teil getan. Wie antworte ich darauf? Die angemessene Reaktion des Menschen kann nur dieselbe wie die des „verlorenen Sohnes“ sein.

Wer seine Schuld vor Gott bereut und bekennt, der darf die Vergebung im Glauben annehmen (1. Johannes 1,9). Jemand, der meint, dass seine Schuld zu groß sei, der darf gewiss sein, dass die Tragfähigkeit dieser Brücke immer noch größer ist als alle denkbaren „Sündenlasten".

Wer Jesus als die Brücke zu Gott erfahren hat, der möchte gerne Brückenbauer für Menschen werden, damit auch sie diesen Gott kennenlernen.

* * *

Die Brücke ist sicher

Wenn ich sterbende Menschen besuche, faszinieren mich die glaubensfrohen Christen. Welche Gewissheit haben diese Menschen in der Todesstunde, dass es für sie eine Brücke gibt, die sie an das „jenseitige Ufer" führt! Wo sonst, außer in der Bibel, gibt es eine Zusage von solcher Tragweite? Keine Religion kann diese Gewissheit und Zuversicht vermitteln, denn man weiß ja nie, ob die erbrachte Leistung ausreicht.

Es fängt immer mit dem ersten Schritt an, dem ersten Glaubensschritt. Man betritt die Brücke und merkt, dass sie wirklich trägt. Es mag vorkommen, dass man beim Überschreiten der tiefen Schlucht Angst bekommt. Doch auch dafür ist gesorgt, denn die Brücke hat ein „Geländer", das uns vor dem Absturz sichert. Die schaurigen Abgründe der Verlorenheit des menschlichen Herzens können uns in Schrecken versetzen. Gott bietet jedoch die Garantie, dass wir diese Schlucht sicher überqueren können. „Eine Straße wird es dort geben, man nennt sie den heiligen

Weg. Kein unreiner Mensch darf auf ihm gehen, er ist nur für Gottes Volk. Selbst Unkundige finden den Weg und werden nicht in die Irre geführt" (Jesaja 35,8; NeÜ). Um im Bilde zu bleiben: Gott selbst musste in seiner Menschwerdung durch Jesus an den tiefsten Punkt des Abgrundes steigen, um diese Brücke zu gründen. Diese Brücke ist die einzige Chance für den von Gott getrennten Menschen.

„Es übersteigt die Vernunft, erklären zu wollen, warum irgendein Geschöpf, geschweige denn ein Geschöpf wie wir, in des Schöpfers Augen einen so ungeheuren Wert haben könnte. Es ist wahrhaftig eine Bürde von Herrlichkeit, die nicht nur über das hinausgeht, was wir verdienen, sondern auch über das, wonach wir – außer in seltenen Augenblicken der Gnade – verlangen. Noch einmal, was uns in Verlegenheit bringt, ist die Unerträglichkeit der Ehrung, nicht ein Zuwenig, sondern ein Zuviel an Liebe."[14]

Ein Mensch, der sich entschieden hat, diesen Weg über die „Brücke" zu gehen, ist ein Nachfolger Jesu geworden. Er betritt die Brücke belastet mit seiner Schuld und kommt entlastet am anderen Ende an. Er hat seine alte Welt aufgegeben, weil er in Jesus eine neue Identität gefunden hat. Ein Nachfolger hat seine bisherigen Brücken abgebrochen, die zu falschen Zielen führten.

Diese von Gott gebaute Brücke hat keine Kurven, da Gottes Wege gerade sind. Wer auf einem schnurgeraden Highway der Vereinigten Staaten unterwegs ist, der sieht das Ende der Straße in einem Punkt

14 C. S. Lewis, *Über den Schmerz,* Brunnen-Verlag Gießen, 2015, 9. Auflage (S. 45 u. 51).

münden, dem Fluchtpunkt. Es ist interessant, dass alles Betrachten von Objekten in unserer sichtbaren Welt dem Gesetz der Zentralperspektive unterliegt und in einem Fluchtpunkt endet. Albrecht Dürer hat als Erster die mathematisch-geometrischen Grundlagen der Zentralperspektive dargestellt. Über Jesus wird gesagt, dass „alles durch ihn und zu ihm hin geschaffen" worden ist (Kolosser 1,16). Das Gesetz der Zentralperspektive verweist auf den Schöpfer, denn alles führt zu ihm.

Wer Jesus folgt, hat das Ziel immer vor Augen. Je näher er dem Ziel kommt, umso klarer entfaltet sich dieser Punkt, der das Ziel darstellt: „Was kein Auge je gesehen und kein Ohr jemals gehört, was keinem Menschen je in den Sinn kam, das hält Gott für die bereit, die ihn lieben" (1. Korinther 2,9; NeÜ).

Es gibt nur eine Brücke zu Gott, und die heißt Jesus Christus.

Friedhelm Jung
Antworten auf letzte Fragen
Über das Woher, Wozu und Wohin des Menschen

Tb., 144 Seiten, 11 x 18 cm
Best.-Nr. 271 457
ISBN 978-3-86353-457-8

Der Mensch mit seinen eigenen Möglichkeiten kann die letzten Fragen des Seins nicht beantworten, er ist auf Offenbarung angewiesen. Das vorliegende Büchlein fasst die biblischen Antworten auf unsere brennenden Fragen zusammen und will damit Orientierung vermitteln und Halt geben.